Zimt

Wolfgang Hübner
Michael Wissing

Zimt

Das duftende Juwel aus Tausendundeiner Nacht

Anregendes, Geschichte
und Rezepte

Mit Rezepten von Klaus Ditz
und Andreas Neubauer

AT Verlag

Wenn nicht anders angegeben, sind die Rezepte für 4 Personen berechnet.

3. Auflage, 2010

AT Verlag, Baden und München
Lithos: AZ Print, Aarau
Druck und Bindearbeiten: Appl, Wemding
Printed in Germany

ISBN 978-3-03800-551-3

www.at-verlag.ch

Inhaltsverzeichnis

Vorwort

Die Evolution des Wohlgeruchs

Riechen und schmecken konnte die Menschheit bereits sehr früh in ihrer biologischen Laufbahn. Alt sind die Strukturen, die der Geruchssinn als Hauptträger jener Sensorik in der Nase und aufsteigend ins Gehirn ausgebildet hat. Das Wissen darum gründet sich kurioserweise erst auf Erkenntnisse der jüngsten Zeit – all die Jahrhunderte zuvor gab es »Wichtigeres« zu erforschen.

Der Geruchssinn befand sich seit den ersten Umwälzungen zu Beginn unserer Zeitrechnung im Abseits, begleitet von einem kontinuierlichen Niedergang seiner gesellschaftlichen Bedeutung, zumindest im Abendland. Allenfalls Unbewusstes hielt ihn am Leben, das er nach wie vor maßgeblich beeinflusste, allerdings nur im beschränkten zwischenmenschlichen Rahmen. Über tausend Jahre blieb das so, bis dem Abendland etwas in die Nase stieg, das nicht von dieser Welt sein konnte: die Gewürze des Orients. Sie leiteten einen jener Entwicklungssprünge ein, die den Menschen immer wieder einmal auf eine höhere Stufe bringen – nachdem er zuvor ebenso regelmäßig von der Leiter heruntergefallen war, die er gerade mühevoll erklommen hatte.

Kurze Rückblende: Als Empedokles vor 2500 Jahren resümierend feststellte: »So hat nun alles Odem erhalten und Gerüche«, schien ein solcher Sprung bereits stattgefunden zu haben. Denn die sich in der Antike entwickelnde Gesellschaft »schwamm« gleichsam materiell und geistig in Gerüchen. Sie ließ mit einer diffusen Empfänglichkeit für das Duftende, Pikante, Balsamische und Aromatische über Jahrhunderte eine Kultur der Gerüche entstehen. Doch genauso unvermittelt, wie diese entstanden war, verschwand sie wieder für lange Zeit aus dem abendländischen Leben.

Im frühen Mittelalter ist der Geruchs- und Geschmackssinn weitgehend abgestumpft. Es bedurfte der Gewürze, ihm den zweiten und historisch entscheidenden Schliff zu geben. Zimt spielte dabei zweifellos eine ganz besondere Rolle, denn lassen wir die Spezereien jener und unserer Zeit vor unserer »geistigen Nase« passieren, dann haftet dem Zimt der betörendste Duft an. Zimt ließ sich zwanglos mit dem Reich der kühnsten Fantasien verbinden und damit ebenso selbstverständlich mit der Vorstellung vom Paradies.

Etwas von diesem Paradies schon auf Erden zu genießen war bis dahin unvorstellbar.

Höhen und Tiefen des menschlichen Lebens hielten sich auf einem vergleichbar niedrigen Niveau. Es herrschte eine weitgehend klassenlose, uniforme Gesellschaft, die selbst in den gehobeneren Kreisen das Bild einer mehr oder weniger hinterwäldlerischen Bauernkultur abgab. Behausungen und Bekleidung, Essen und Trinken wiesen keine wesentlichen Unterschiede auf – die soziale und kulturelle Distanz zwischen den Bevölkerungsteilen war relativ gering.
Insofern kam der zunehmend häufigere Kontakt einiger weniger mit der Kultur des Orients einer schleichenden Revolution gleich. Auslöser waren zwar die mit kriegerischen und religiösen Absichten unternommenen Kreuzzüge, doch was und wer zurückkam aus dem Heiligen Land, veränderte zunehmend die damalige Welt des Abendlandes. Es entwickelte sich etwas bis dahin Unbekanntes beziehungsweise Verlorengegangenes: Geschmack. Schnell wurde dieser auch jenseits der unmittelbaren sensorischen Eindrücke, welche die exotischen Gewürze hinterließen, zu einem stil- und gesellschaftsprägenden Maß der Dinge. Der Sinn für Düfte und Schönes trieb wieder die ersten zarten Knospen.
Der Geschmack im weitesten Sinne begann sich zu ändern, zu entwickeln, zu verfeinern: Die arabische Kultur mit ihren Farben und Formen, ihren luxuriösen Gegenständen des täglichen Lebens, ihren Stoffen und Düften hielt Einzug in das Leben einer sich neu herausbildenden Oberschicht – über jedweden religiösen Vorbehalt hinweg. Der dafür notwendige Pragmatismus ermöglichte gar über Jahrhunderte ein mehr oder weniger friedliches Nebeneinander, war doch den »Herren« bald klar, dass all dem, was sie nun zu genießen begannen, eines gemeinsam war: Es kam nicht von hier.
Und es bestanden auch kaum Chancen, dass sich daran in absehbarer Zeit etwas ändern würde: Baustile und Gebrauchsgegenstände ließen sich vielleicht noch kopieren, aber Zimt und Pfeffer würden nie im heimischen Klostergarten wachsen. Da half auch kein Beten.
Da half nur Importieren und Bezahlen.
Damit begann die lange Abhängigkeit des Okzidents vom Orient. Und die Zeiten heute und damals gleichen sich: Ohne Erdöl lässt sich unser heutiger Lebensstil nicht erhalten, genauso wenig wie der des Mittelalters ohne Pfeffer und Seide, ohne Zimt und Samt möglich gewesen wäre.
Handel, Politik, Wirtschaft – angefangen hat alles mit einer Prise Zimt.

Was ist Zimt? – Botanik, Anbau, Ernte, Verarbeitung, Qualitäten

Immer wenn Botanik und Biologie zu systematisieren beginnen, bleibt der Laie verschüchtert und in seinen intellektuellen Grundfesten erschüttert in der Ecke stehen, in die ihn der erhobene Zeigefinger wieder einmal verbannt hat.
Kann man wirklich so ungebildet sein und nicht wissen, dass der Ceylon-Zimtbaum *(Cinnamomum verum)* als Art zur Gattung *Cinnamomum* gehört, die wieder aus der Familie der Lorbeergewächse *(Lauraceae)* stammt und der Ordnung der Lorbeerartigen *(Laurales)* zuzurechnen ist, welche die Unterklasse der Magnolienähnlichen *(Magnoliidae)* bereichert und der Klasse der Einfurchenpollen-Zweikeimblättrigen *(Magnoliopsida)* die duftende Krone aufsetzt?
Man kann!
Wie dem auch sei – die großen Entdecker der Neuzeit kümmerte dies wenig, sie wollten nur Zimt.
Doch was ist Zimt? Ganz prosaisch ist es das einzige aus Rinde gewonnene Gewürz in der gängigen Küche. Genauer gesagt handelt es sich dabei um die nur wenige Millimeter dicke innere Rinde des jungen Zimtbaumes und seiner Äste. Beim Abschälen während der Ernte rollt sich die Rinde praktischerweise selbst auf und wird dann getrocknet. Beim edelsten Vertreter, *Cinnamomum verum* oder *Caneel*, werden nur die zartesten Wurzelschösslinge verwendet. Die immergrünen Bäume dieser Art stehen hauptsächlich im heutigen Sri Lanka, dem früheren Ceylon, weshalb der Handel immer noch von Ceylon-Zimt spricht. Eine andere Art, der Cassia-Zimtbaum *(Cinnamomum cassia)*, ist ursprünglich in China beheimatet und wird heute dort auch noch großflächig angebaut, allerdings haben nach den Vietnamesen heute die Indonesier im Hochland von Sumatra die ergiebigste Produktion. Der dort gewonnene Zimt wird nur selten gerollt angeboten, sondern meist in Pulverform. Er ist weniger aromatisch süß, dafür etwas kräftiger und schärfer als Caneel.
Am meisten Arbeit macht den Bauern der Ceylon-Zimtbaum *(Cinnamomum verum)*: Er wird auf einer Größe von 2,5 bis 3 Metern gehalten und immer wieder beschnitten. Man schlägt die jungen Bäume so weit ab, dass aus den Wurzelstöcken wieder Schösslinge austreiben können. Nach Entfernung der Borke und der Mittelrinde wird die feine Innenrinde abgeschält, die sich meist

von selbst zu beiden Seiten aufrollt. Sechs bis zehn solcher Rollen werden ineinander geschoben, gebündelt und dann trocknen gelassen. Dabei nehmen sie die klassische gelblich braune, leuchtende Farbe an.
Etwas leichter haben es die Anbauer von Cassia-Zimt: Diese Bäume dürfen auswachsen, und erst nach dem vierten Lebensjahr beginnt die Ernte. Die 1 bis 3 mm dicke Innenrinde ist etwas dunkler als die des Caneels. Man rollt sie nur einseitig, schneidet sie in 30 bis 60 cm lange Stücke und lässt sie etwas trocknen. In 50-kg-Ballen, umhüllt von Leinen- oder Strohmatten gelangen sie dann in den Handel. Zu Pulver vermahlen werden sie meist erst am Bestimmungsort, weil sonst bereits auf dem Transport zu viel Aroma verloren ginge.
Während Cassia-Zimt keinem Importeur oder Tester schlaflose Nächte bereitet, entscheiden beim Ceylon-Zimt Bruchteile von Millimetern über die Qualität. Um in Abgrenzung vom metrischen System eine international gebräuchliche Norm zu besitzen, haben die Händler sogar eine eigene Wertmaß-Einheit geschaffen: die Ekelle. Die beste Qualität wird mit den Ekellen 00000 bezeichnet, absteigend bis Ekelle 0, die Qualitäten darunter weiter mit Ekelle I bis IV. Eine Kennzeichnungspflicht besteht nicht und ist auch nicht zu befürchten, da die Handelsmonopole zu elitär sind. Für den Verbraucher gilt: Je höher der Preis, desto besser die Qualität. Hoffentlich!
Zimt gibt es im Übrigen nicht nur als Stangen oder Pulver, sondern auch in Form von Zimtöl. Während in dem in der Küche verwendeten Zimt der Gehalt an ätherischen Ölen je nach Qualität und Lagerung zwischen 1,0 und 3,5 Prozent schwankt, ist der geschmacksgebende Ausgangsstoff Zimtaldehyd (C_9H_8O) in Ölen deutlich höher konzentriert. In der Küche werden Sie das Öl kaum verwenden, dafür findet es umso ausgiebiger Einsatz in der Kosmetikindustrie und Likörproduktion und verleiht darüber hinaus auch noch anderen modernen Produkten des täglichen Lebens den »richtigen« Duft.
Apropos Handelsgut Zimt: Die EU führt in der sogenannten Kombinierten Nomenklatur/Harmonisiertes System (KN/HS) Zimt und seine elf wichtigsten Handelssorten unter der Nummer 0906 ff. Ein wahrer Fortschritt!
Wenn das Vasco da Gama noch hätte erleben dürfen!

Süße Verführungen

Erdbeeren im Zimtteig mit Kokoseis

24 mittelgroße Erdbeeren

Backteig:
150 g Mehl
65 ml Milch
60 ml Batida de coco
2 Eigelb
1 Prise Salz
1 Teelöffel Zimtpulver
1 Esslöffel Traubenkernöl

2 Eiweiß
30 g Zucker

Puderzucker zum Bestreuen

Kokoseis:
75 g Zucker
100 g Glukose
125 g Milch
400 ml Kokosmilch

1 Für den Backteig das Mehl in eine Schüssel sieben, mit den übrigen Zutaten zu einem glatten Teig rühren und diesen etwa 20 Minuten ausquellen lassen.
2 Eiweiß und Zucker zu Schnee schlagen und diesen unter den Teig ziehen.
3 Die Erdbeeren mit einem feuchten Tuch sauber abreiben, den Blattansatz entfernen. Die Erdbeeren auf einen Holzspieß stecken, durch den Teig ziehen und bei 180 Grad in der Fritteuse etwa 3 Minuten hellbraun backen. Auf einem Küchentuch abtropfen lassen und mit Puderzucker bestreuen.
4 Für das Kokoseis alle Zutaten zusammen aufkochen und 15 Minuten leicht köcheln lassen. Durch ein Sieb in eine Schüssel schütten, kalt rühren und in der Eismaschine gefrieren lassen.

Mohnknödel mit weißem Zimteis

Weißes Zimteis:
250 ml Milch
250 ml Rahm
2 Zimtstangen
4 Eigelb
90 g Zucker

Mohnknödel:
250 ml Milch
30 g Honig
1 Vanilleschote, ausgekratztes Mark
150 g frisch gemahlener Mohn
30 g weiche Butter
½ Zitrone, abgeriebene Schale
½ Orange, abgeriebene Schale
1 Prise Salz
1 Messerspitze Zimt
1 Ei
2 Eigelb
90 g Weißbrotwürfel

Zum Pochieren:
1 Flasche Rotwein
je 1 Prise Salz und Zucker
1 Stück Orangenschale
1 Stück Zitronenschale

Brösel:
40 g Butter
150 g Weißbrotbrösel
20 g Zucker
1 Teelöffel Vanillezucker
50 g gemahlene Walnüsse
1 Prise gemahlener Zimt

1 Für das Zimteis Milch und Rahm mit den Zimtstangen aufkochen und 30 Minuten ziehen lassen. Die Eigelbe mit dem Zucker verrühren, die Milchmischung beifügen und das Ganze über einem heißen Wasserbad cremig aufschlagen. Durch ein Sieb in eine kalte Schüssel gießen, abkühlen lassen und in der Eismaschine gefrieren lassen.
2 Für die Mohnknödel Milch, Honig und Vanillemark aufkochen. Den gemahlenen Mohn einrühren und die Masse wie einen Brandteig rühren, bis sie sich in einem Kloß vom Kochlöffel und vom Topfboden löst. Die Knödelmasse kalt stellen.
3 Die Butter mit der abgeriebenen Zitrusfruchtschale und den Gewürzen schaumig schlagen. Zuerst das Ei und danach die Eigelbe dazugeben und unterrühren. Die Weißbrotwürfel darunterheben und die Masse ebenfalls kalt stellen. Nach 30 Minuten die Mohnmasse mit der Buttermasse vermischen und nochmals 30 Minuten kalt stellen. Danach mit angefeuchteten Händen daraus tischtennisballgroße Knödel (von rund 30 g) formen.
4 Den Rotwein mit Salz, Zucker und den Zitrusschalenstücken aufkochen. Die Knödel darin einlegen, zudecken und 10 Minuten abseits vom Herd ziehen lassen.
5 Inzwischen für die Brösel in einer Pfanne die Butter erhitzen. Die Weißbrotbrösel darin unter ständigem Rühren goldbraun rösten. Am Schluss Zucker, Vanillezucker, gemahlene Walnüsse und Zimt dazugeben.
6 Die Knödel aus dem Sud heben, abtropfen lassen und in den gerösteten Bröseln wälzen. Mit Puderzucker bestreuen und mit dem weißen Zimteis servieren.

Gebackene Apfel-Zimt-Knödel mit Preiselbeeren

Für 4–6 Personen

100 g weiche Butter
80 g Zucker
1 Päckchen Vanillezucker
1 Prise Salz
2 Teelöffel Zimtpulver
4 Äpfel
Saft von ½ Zitrone
100 g Zwieback, fein gemahlen
2 Eier, verquirlt
80 g Biskuitbrösel
Öl zum Frittieren

200 g Preiselbeeren aus dem Glas
Puderzucker zum Bestäuben

1 Die Butter mit Zucker und Vanillezucker schaumig schlagen, mit Salz und Zimt würzen.

2 Die Äpfel schälen, vierteln, entkernen, in möglichst kleine Würfel schneiden und diese mit Zitronensaft beträufeln.

3 Die Apfelwürfel mit dem gemahlenen Zwieback unter die Buttercreme rühren, zudecken und 30 Minuten in den Kühlschrank stellen.

4 Aus der Masse tischtennisballgroße Knödel formen, diese zuerst durch die verquirlten Eier ziehen, dann mit den Biskuitbröseln panieren.

5 Die Knödel portionsweise in 170 Grad heißem Fett goldbraun frittieren, auf Küchenpapier entfetten. Zusammen mit Preiselbeeren und mit Puderzucker bestäubt servieren.

Das Kind eines fernen Bodens – Zimt und seine Ursprünge

Als 1194 der König von Schottland seinem Kollegen Richard I. von England einen Staatsbesuch abstattet, erhält er neben ein paar anderen Nettigkeiten als Beweis der Gastfreundschaft die tägliche Zuteilung von zwei Pfund Pfeffer und vier Pfund Zimt. Selbst wenn wir davon ausgehen, dass der Schotte ganz im Geiste der Landestradition ansonsten Selbstverpfleger gewesen ist und »all inclusive« gerade erst populär wurde, wäre die Menge sogar einem Schaf aus den Highlands mit Sicherheit auf den Magen geschlagen.

Es ging also wohl nicht (nur) ums Würzen von Speisen, sondern um ein Zeremoniell und den dezenten Hinweis: »Schau, mein Lieber, ich habe doch den größeren Sack im Land!« Die Promis und Mächtigen jener Zeit beschenken einander mit Gewürzen wie mit Juwelen, man sammelt sie wie Kostbarkeiten, und man wirft sie verschwenderisch gleich pfundweise über die Speisen und Getränke. An besonders »kultivierten« Tafeln wird Zimt zusammen mit anderen Spezereien gar wie ein Digestif oder Dessert noch einmal separat auf eigens dafür unterteilten Platten serviert. Gleichsam zur Abrundung der ohnehin bereits völlig überwürzten Gerichte, die gerade das hoffnungslos abgestumpfte Innenleben der Gäste passieren.

Einige Kulturhistoriker und verkannte Nahrungsmittelchemiker versuchen dieses Gebaren immer wieder mit den damals unzureichenden Konservierungsmöglichkeiten für Lebensmittel zu begründen. Pfeffer sollte etwa Fleisch über den Winter haltbar machen und die übrigen Gewürze, so auch Zimt, bereits verdorbenes Fleisch wieder genießbar werden lassen. Diese Erklärungen sind jedoch wenig einleuchtend: Erstens stand mit Salz ein bereits seit Urzeiten bekanntes Konservierungsmittel zur Verfügung, und zweitens war es selbst Königen auf die Dauer zu teuer, jene Kostbarkeiten, die zum Wertvollsten gehörten, was das Mittelalter kannte, Tag für Tag schaufelweise über die Schweinerippchen oder den Kapaun zu kippen. Und was war im Übrigen mit den Millionen Unterprivilegierter, die nicht über derartigen Luxus verfügten und dennoch einigermaßen überlebten? Für das Grobe dienten nach wie vor Salz und die einheimischen Kräuter – das Besondere blieb trotz oder wegen zeitweiliger Exzesse der Reichen besonders. Als Würze und als Symbol gleichermaßen.

Welche Bewandtnis verbarg sich also wirklich hinter dem exzessiven Gebrauch von Gewürzen? Kurz gesagt: Gewürze waren in der damaligen Zeit weit mehr als ihr duftendes und beißendes Überbleibsel auf dem Teller – sie waren vielmehr Sendboten aus einer fernen, rätselhaften, anderen Welt. Der Horizont des mittelalterlichen Menschen reichte selbst bei großen Herrschern meist nicht sehr viel weiter als bis in den Gemüsegarten des Nachbarn, sein bescheidenes Dasein wurde allenfalls noch durch die Querelen mit Kirche und Papst gestört, die sich ständig einmischten.

Was lag also näher, als sich bereits auf Erden eine eigene kleine Welt zu schaffen? Die Gedanken waren zwar noch lange nicht frei, aber der Duft von Zimt, Muskat und

Nelken – oder gar nur das Hörensagen davon – konnte einen weit weg in ein traumhaft schönes Land entführen, in dem nicht nur Milch und Honig fließen, sondern tausend Wohlgerüche die ewig milden Lüfte erfüllen. Wo lag dieses Land? Keiner wusste es genau zu sagen, nur eines war klar: im Osten, dem Orient, der bis ans Ende der Welt reichte.

Immerhin glaubte noch Herodot 450 v. Chr., dass Zimt auf dem Grund der Seen wachse, und arabische Quellen wussten von »Zimtvögeln« zu berichten, die das Gewürz in ihren Nestern horten. Um es zu gewinnen, müsse man die Nester mit Pfeil und Bogen abschießen. Die mittelalterliche Version ist zeitgemäß jenseitsorientiert: Sie ging davon aus, dass der Zimt von ägyptischen Fischern mit Netzen aus den Fluten des Nils geholt wurde, und in diesen gelangte er geradewegs vom Paradies. Pfeffer wuchs in angrenzenden Rohrwäldern auf einer immergrünen Ebene, Muskat- und Nelkenduft wehte herüber aus den Gärten mitten im Paradies selbst.

Dieser Ursprung fasziniert den mittelalterlichen Menschen. Und seine Fantasie findet weitere Nahrung durch einen anderen Umstand: Gewürze waren teuer, extrem teuer, für den Großteil der Bevölkerung unbezahlbar. Sie waren Insignien der Macht, die zur Schau gestellt wurden und die man sich anschließend gleichsam einverleibte. Dass die Kirche ihr Paradies vergleichsweise günstig anbot, war keine wirkliche Konkurrenz: Eine Verheißung musste etwas kosten. Der Klerus lernte bekanntlich schnell daraus.

Poesie und Fantasie hatten die Heimat von Zimt und Co. demnach weitgehend eingekreist – wo aber vermutete man sie in der Prosa, das heißt in der geografischen Wirklichkeit? Die wenigen, die sich in jener Zeit trauten, über den Tellerrand hinauszublicken, und dies auch wissenschaftlich einigermaßen begründen konnten, waren auf Berichte von Reisenden angewiesen. Denn in Sachen Gewürze drehte sich alles um weit von Europa entfernte Ziele. Namen wie Indien oder die Molukken kursierten schon seit vielen Jahren, aber nur ganz wenige Europäer waren jemals dort gewesen – und wenn überhaupt, dann nur in Begleitung und unter der Führung von Arabern. Denn im nahen Orient war man da schon weiter. Die arabische Hochkultur mit ihrem für die damalige Zeit herausragenden Wissen war deshalb auch das erste Bindeglied zwischen Abendland und dem, was man nur vermuten konnte, aber nie selbst gesehen hatte.

Neben Astronomie und moderner Zahlenkunde, neben Medizin und Luxus war der Beginn einer neuen Handelsorganisation der entscheidende Motor der damaligen Zeit. Handel hieß Arabien, und Arabien hatte den Schlüssel zum Paradies, noch weiter im Fernen Osten. Und ganz schnell wurde aus dem Paradies das, was viele bis heute darunter verstehen: eine florierende und prosperierende Wirtschaft.

Fernhandel gab es zwar schon seit der Antike, doch die damaligen Dimensionen blieben bescheiden. Jetzt aber hatte der Luxus einen Namen und ein Synonym erhalten: Gewürze. Neben all den anderen Gütern, die nun den Weg von Ost nach West antraten, waren Gewürze in ihrer ökonomischen, kulturellen und historischen Bedeutung das Banner einer ganzen Epoche. Eine Zimt-

stange darauf hätte niemanden verwundert, allein die »Corporate Identity« der Handelsorganisationen beschränkte sich zu jener Zeit noch auf althergebrachte Muster.
Von China, den Molukken und Indien gelangt der Zimt zusammen mit anderen Gewürzen zuerst nach Syrien und Ägypten. Alles zunächst per pedes auf dem Landweg, später auch per Schiff über den Indischen Ozean. Dort angekommen, wird er von arabischen Zwischenhändlern an italienische, hauptsächlich venezianische Händler weiterverkauft, die ihren Bedarf aber nie decken können, so groß ist die Nachfrage im heimatlichen Europa. Über die Landenge von Suez geht es nach Alexandria, von da weiter über das Mittelmeer nach Italien. Venedig wird der Hauptumschlagplatz, die Stadt und einige Großkaufleute reicher und reicher. Denn die Gewürze werden auf ihrer Reise Kilometer um Kilometer teurer. Und dann kommt noch ein Gefahrenzuschlag dazu, denn Gewürztransport ist nicht nur beschwerlich und anfällig, sondern mitunter gefährlich. Begehrlichkeiten gibt es gerade auf hoher See oder in den Wüsten der alten Gewürzstraßen. In Italien angekommen, ist die Reise zu den Großabnehmern noch nicht zu Ende: Die Alpen bilden ein weiteres Hindernis, das es zu überwinden gilt. Die daraus resultierende Preistreiberei und die ständig wachsende Nachfrage eines neu entstandenen städtischen Bürgertums lassen den Gewürzhandel im ausgehenden Mittelalter bald an seine Grenzen stoßen. Die Kapazitäten der Handelswege reichen nicht mehr aus, und so ist Zimt Mitte des 15. Jahrhunderts praktisch unbezahlbar geworden. Hinzu kamen politische Probleme: Die Mamelucken okkupierten Ägypten, die Türken Kleinasien – mit der Freiheit des Gewürzhandels, die bis dahin geherrscht hatte, war es erst einmal vorbei. Extrem hohe Zollabgaben verteuerten die Ware aus Indien in Venedig nun um das Dreißigfache. Das war dann auch den Königen zu viel. Ein Ausweg musste her, denn verzichten wollte man verständlicherweise auch nicht auf den Duft, der vom Paradies herüberweht.

Zimt-Mascarpone-Ravioli in Quitten-Champagner-Süppchen

Quitten-Champagner-Süppchen:
1 kg Quitten
½ l Wasser
250 g Zucker
Zucker und Champagner zum Abschmecken

Nudelteig:
140 g Mehl
5 Eigelb (100 g)
1 Prise Salz
1 Teelöffel Wasser
1 Teelöffel Olivenöl

Zimt-Mascarpone-Füllung:
50 g Mascarpone
1 Eigelb
1 Teelöffel Zimtpulver
50 g Löffelbiskuits, zerbröselt,
oder fein gehackte Amaretti

etwas Eiweiß zum Bestreichen

1 Zunächst das Quittensüppchen zubereiten: Die Quitten vierteln, zusammen mit dem Wasser und dem Zucker aufkochen und zugedeckt weich köcheln. Etwa 2 Stunden abseits von der Herdplatte ziehen lassen, dann durch ein Tuch passieren. Bis zur gewünschten Süße nachzuckern. Kalt stellen. Kurz vor dem Servieren mit Champagner verfeinern.
2 Alle Zutaten zum Nudelteig rasch zu einem glatten Teig verarbeiten. 30 Minuten in Klarsichtfolie gewickelt ruhen lassen.
3 Für die Füllung den Mascarpone mit dem Eigelb glatt rühren, mit dem Zimt verfeinern und die Brösel darunterziehen.
4 Den Nudelteig in 2 Portionen zu 2 gleich großen dünnen Teigplatten ausrollen. Die Mascarponefüllung im Abstand von 2–3 cm in kleinen Häufchen auf die eine Teigplatte setzen. Den Teig rund um die Füllung mit Eiweiß bestreichen. Die zweite Teigplatte darüberlegen, rund um die Füllung andrücken und mit einem gezackten runden Ausstecher (ca. 4 cm Durchmesser) Ravioli ausstechen.
5 Die Ravioli in sprudelnd kochendem Salzwasser garen, bis sie an die Oberfläche steigen. Mit einem Schaumlöffel herausheben und auf einem Tuch abtropfen lassen. In das kalte Quitten-Champagner-Süppchen setzen.

Schoko-Zimt-Kroketten

Ergibt 25 Stück

200 g Vollmilchschokolade
100 g Zartbitterschokolade
120 ml Rahm
2 Esslöffel Zucker
1 Esslöffel Zimtpulver
300 g gekaufte Biskuitböden
1 Esslöffel Kakaopulver
1 Esslöffel Zimtpulver
etwas Mehl
2 Eier, verquirlt
Öl zum Frittieren

1 Die Schokolade grob zerkleinern und in einer Schüssel über einem heißen Wasserbad schmelzen.

2 Den Rahm mit dem Zucker und 1 Esslöffel Zimt aufkochen und unter die geschmolzene Schokolade rühren. Erkalten lassen, dann mit dem Handrührgerät cremig-fest rühren. Die Creme in einen Spritzbeutel füllen und davon walnussgroße Bällchen auf ein Blech spritzen. 2 Stunden in das Gefrierfach geben.

3 Das Biskuit mit dem Kakao und 1 Esslöffel Zimt in der Küchenmaschine fein mahlen.

4 Die gefrorenen Schoko-Zimt-Bällchen in Mehl wenden, durch die verquirlten Eier ziehen und mit den Biskuitbröseln panieren. In heißem Öl portionsweise ausbacken, auf Küchenpapier entfetten und vor dem Servieren nochmals 5 Minuten in den auf 150 Grad vorgeheizten Backofen geben.

Zimtschupfnudeln mit Apfelmus

Schupfnudeln:
500 g mehlig kochende Kartoffeln
150 g Mehl
1 Eigelb
Salz
1 Prise Muskatnuss

Apfelmus:
2 mittlere säuerliche Äpfel
125 ml Weißwein
½ Zimtstange
10–20 g Zucker

Butter-Zimt-Brösel:
60 g Butter
100 g Semmelbrösel
50 g geriebene Haselnüsse
20 g Zucker
1 Teelöffel Zimtpulver
Puderzucker zum Bestreuen

1 Die Kartoffeln kochen, schälen, heiß durchpressen und auskühlen lassen.
2 In der Zwischenzeit die Äpfel schälen, entkernen und in Schnitze schneiden. Mit dem Wein und der Zimtstange zugedeckt weich kochen. Die Zimtstange entfernen, die Äpfel pürieren und nach Geschmack süßen. Nochmals kurz aufkochen lassen und warm stellen.
3 Das ausgekühlte Kartoffelpüree mit den restlichen Zutaten rasch zu einem Teig kneten. Aus dem Teig 5 cm lange fingerdicke Nudeln formen, die an den Enden spitz zulaufen. Die Schupfnudeln in reichlich kochendes Salzwasser geben. Sobald sie an die Oberfläche steigen, mit einem Schaumlöffel herausheben und auf einem Küchentuch abtropfen lassen.
4 Für die Brösel die Butter schmelzen. Semmelbrösel, geriebene Haselnüsse, Zucker und Zimt dazugeben und leicht rösten. Die abgetropften Schupfnudeln darin schwenken. Die Schupfnudeln mit Puderzucker bestreuen und mit Apfelmus servieren.

Zimt oder der Beginn der Neuzeit

Es musste etwas geschehen. Die Krise spitzte sich zu: Zimt wurde knapp, die Vorräte schwanden wie die von Pfeffer, Muskat und Nelken. Die Zimtkrise ab der Mitte des 15. Jahrhunderts erschütterte das Abendland in seinen Grundfesten.

Um nachempfinden zu können, welche Stimmung sich damals in den verantwortlichen Kreisen breit machte, bedarf es trotz dem exotisch anmutenden Auslöser nicht viel Fantasie. Denn ob es sich bei einer wirtschaftlichen Abhängigkeit um das Rohprodukt Gewürze oder ein anderes wie etwa Erdöl handelt – die Mechanismen sind dieselben, vorher, bis zur Entstehung des Problems, genauso wie nachher bei den Bemühungen, es zu lösen.

Es beginnt die große Suche. Die alternativen Energiequellen von heute sind dabei nichts anderes als der direkte Seeweg nach Indien von damals: So einfach sind die Spielregeln im Kapitalismus. Abenteuerlust, Entdeckerdrang – alles nostalgische Schwärmerei? Zumindest hinsichtlich des eigentlichen Antriebs sicher. Denn der lag schlicht in der Notwendigkeit, einen billigeren Handelsweg zu den Rohstoffquellen in Indien zu finden, eine Route, die sowohl die Umgehung der Zollschranken wie den Transport größerer Warenmengen erlaubte. Wie es in der Menschheitsgeschichte oft geschieht: So nüchtern der eigentliche Auslöser, wird er rasch von anderen Motiven überlagert – der Neugier und dem Eroberungsdrang. Weil es dafür auch die passenden »Typen« und jede Zeit ihre Helden braucht, verläuft die Geschichte häufig ganz anders als ursprünglich geplant. So wurden aus findigen Seefahrernationen Weltreiche – bloß wegen ein paar Säcken Pfeffer und Zimt mehr. Dass dann aus Gewürzen sehr schnell richtiges Gold wurde, ist ein weiteres Kapitel für sich.

Der Rest ist abendländische Geschichte pur: Vasco da Gama sticht am 8. Juli 1497 im Hafen von Lissabon in See – mit einem Auftrag, den er selbst ins Logbuch schreibt: »Wir sind auf der Suche nach Christen und Gewürzen.« Ein paar Jahre zuvor war Christoph Kolumbus für die spanische Krone mit derselben Absicht in die entgegengesetzte Richtung aufgebrochen. Der eine, Vasco da Gama, fand bald, wonach er gesucht hatte, der andere fand die Neue Welt und Gold. Das Paradies war erobert. Beide haben damit gleichzeitig den Sprung in eine neue Zeit geschafft; die reale Welt, die sie fanden, war aber zu groß für sie – sie haben sich wie die nachfolgenden Generationen darin verloren.

Bleiben wir bei den Auslösern der neuen Epoche, den Gewürzen: Einmal zu den Ursprüngen vorgedrungen, machten es die

Portugiesen nicht anders als die Venezianer zuvor – sie diktierten die Preise. Sobald sie der Zimtwälder auf Ceylon habhaft geworden waren, schalteten sie unliebsame Konkurrenz wie in Indonesien unerbittlich aus, sicherten die Ernte in den eroberten Gebieten durch eine Schreckensherrschaft und importierten die neu gewonnene Stärke zusammen mit den Gewürzen zurück nach Europa. Der Konflikt mit Holland, das seinerzeit von Portugal beherrscht wurde, eskalierte, als es der dritten Seefahrernation den Zugang zum Hafen von Lissabon versperrte.

Matjes ohne Zimt und Pfeffer – undenkbar! 1594 stellten die Holländer die erste eigene Expedition zu den Gewürzinseln in Ostindien zusammen. Unterstützt von cleveren Kaufleuten, war das Ziel klar: Bruch des Monopols. Der Antrieb war von vornherein nüchterner: Während die Portugiesen die Losung ausgaben »Macht aus den Eingeborenen Christen und heiratet ihre Frauen«, wollten sich die Holländer in nichts einmischen und in Ruhe Geschäfte machen. Sichtbarer Ausdruck jener ganz und gar kaufmännisch ausgerichteten Politik war die Vereinigte Ostindische Compagnie. Ausgestattet mit weitreichenden militärischen und hoheitlichen Befugnissen lehrten die siebzehn Gründungsmitglieder – alles Kaufleute – Portugal das Fürchten. Ganz ohne Krieg ging das bekanntlich nicht ab, zumal noch ein dritter Interessent, England, plötzlich Ansprüche erhob. Doch Geschick und militärische Übermacht verhalfen der Compagnie zum Sieg.

Für lange Zeit war der Gewürzhandel fest in holländischer Kaufmannshand. Der einheimischen Bevölkerung ging es allerdings auch unter der neuen Herrschaft keinen Deut besser: Ausbeutung hieß die Devise – nach wie vor und brutal wie eh und je.

Aber wie das so ist: Kaum hatte man es sich in der Fremde auf seinen Pfründen gemütlich gemacht, wurde es denen daheim auch schon langweilig. Nachdem die Kolonialwelt gegen Ende des 17. Jahrhunderts weitgehend verteilt war und es nichts Nennenswertes mehr zu entdecken gab, verloren die Völker Europas das Interesse an Gewürzen, das vorher fast suchtartige Ausmaße angenommen hatte. Der Markt und die Verbraucher jener Zeit fanden keinen Gefallen mehr an überwürzten Speisen.

Ein Geschmackswandel kündigte sich an: Die modernere europäische Küche setzt sich zunehmend durch, geprägt zunächst von Frankreich. Und dort bevorzugte man einen gemäßigten Einsatz von Gewürzen, der sich bis heute erhalten hat. Zudem weckten andere, neue Geschmacks- oder besser Genussstoffe die Aufmerksamkeit: Kaffee, Tee, Zucker, Schokolade. Die alten Kolonialwaren hatten erst einmal ausgedient.

Quark-Zimt-Gratin mit Mango

Für 6 Gratinförmchen von 12 cm Durchmesser und 5 cm Höhe

2 reife Mangos

250 g Quark
2 Eigelb
40 g Puderzucker
25 g Mondamin
1 Esslöffel Rum
1 Teelöffel Zimtpulver
2 Eiweiß
45 g Zucker
1 Prise Salz

Butter und Zucker für die Form

1 Die Mangos schälen, dem Kern entlang das Fruchtfleisch abschneiden. 30 schöne Scheibchen schneiden und zum Bedecken beiseite legen, den Rest fein würfeln.
2 Quark, Eigelbe, Puderzucker und Mondamin mit dem Handmixer gut verrühren. Rum und Zimt beifügen und nochmals kurz durchrühren.
3 Die Eiweiße mit Zucker und einer Prise Salz cremig steif schlagen. Ein Drittel des Eischnees mit dem Schneebesen unter die Quarkmasse rühren, dann den restlichen Eischnee vorsichtig unterheben.
4 Den Backofen auf 200 Grad vorheizen.
5 Die Gratinformen mit geschmolzener Butter gleichmäßig dünn auspinseln und mit Zucker bis zur Füllhöhe (das heißt ca. 2 cm hoch) ausstreuen. Die Mangowürfel mit einem Viertel der Quarkmasse vermischen und auf die 6 Formen verteilen. Die restliche Masse daraufgeben und mit je 5 Mangoscheiben belegen.
6 Im vorgeheizten Ofen 15–20 Minuten backen. Mit Puderzucker bestäuben und in der Form servieren.

Zimtrisotto mit Rotweinbirnen

100 g Zucker
350 ml Rotwein
2 Zimtstangen
2 Sternanis
100 ml Orangensaft
4 feste Birnen
10 g Vanillepuddingpulver
Saft von 1 Zitrone

Zimtrisotto:
½ l Milch
1 Esslöffel Zimtpulver
50 g Zucker
100 g Milchreis
20 g Butter
50 g weiße Schokolade
2 Esslöffel geschlagener Rahm

1 Den Zucker hellbraun karamellisieren, mit dem Rotwein ablöschen, Zimtstangen, Sternanis und Orangensaft hinzufügen und alles einmal aufkochen lassen.
2 Die Birnen schälen, halbieren und entkernen. Die Birnenhälften nochmals halbieren, in den heißen Rotweinsud legen und darin etwa 10 Minuten weich garen, herausnehmen. Den Rotweinsud auf die Hälfte einkochen. Das Vanillepuddingpulver mit dem Zitronensaft verrühren und den Sud damit binden. Die Birnenviertel wieder in die Sauce legen und darin auskühlen lassen.
3 Die Milch mit Zimt und Zucker aufkochen lassen. Vom Herd ziehen.
4 Den Milchreis in der zerlassenen Butter kurz anschwitzen. Die Zimtmilch dazugießen. Bei mittlerer Hitze den Reis unter häufigem Umrühren weich garen. Dies dauert rund 20 Minuten.
5 Die Schokolade raspeln, unter den Milchreis rühren und zuletzt den Risotto mit dem Schlagrahm verfeinern.
6 Den Risotto auf 4 Teller verteilen und mit den Rotweinbirnen servieren.

Zimtsoufflé

Für 6–8 Souffléförmchen von 8 cm Durchmesser

Soufflémasse:
125 ml Milch
60 g Butter
60 g Mehl
½ Teelöffel Zimtpulver
1 Prise Salz
1 Ei
3 Eigelb

4 Eiweiß
50 g Zucker
1 Prise Salz

Butter und Zucker für die Formen

1 Die Souffléformen mit zerlassener Butter gleichmäßig dünn ausstreichen. Zucker hineinstreuen und die Form drehen, bis Boden und Rand lückenlos bedeckt sind. Den restlichen Zucker wieder aus der Form schütten.

2 Die Milch mit der Butter kurz aufkochen, vom Herd ziehen und das Mehl zusammen mit Zimt und Salz beifügen.

3 Zurück auf den Herd stellen und die Masse mit dem Kochlöffel rühren, bis sie sich vom Topfrand löst. Abseits vom Herd das Ei dazugeben und die Masse mit einem Schneebesen glatt rühren. In eine Schüssel geben und nun einzeln die Eigelbe unterrühren.

4 Die Eiweiße mit dem Zucker und dem Salz cremig steif schlagen. Ein Drittel des Eischnees mit dem Schneebesen unter die Soufflémasse rühren. Die restlichen zwei Drittel mit dem Kochlöffel behutsam darunterheben.

5 Den Backofen auf 225 Grad Unterhitze vorheizen. In ein tiefes, mit Küchenpapier ausgelegtes Backblech gerade so viel Wasser einfüllen, dass die Förmchen zu einem Drittel im Wasser stehen. Das Wasserbad auf dem Herd zum Kochen bringen.

6 Die Soufflémasse bis 1 cm unter den Rand in die Förmchen füllen und diese in das vorbereitete Wasserbad stellen. Im Backofen bei 200 Grad etwa 20 Minuten garen. Sofort servieren!

Mokka-Zimt-Mousse mit Rotweinbirne

Für 8–10 Personen

Mokka-Zimt-Mousse:
400 ml Espresso
4 Zimtstangen
150 g weiße Kuvertüre
3 Blatt Gelatine
1 Ei
1 Eigelb
30 cl Nussschnaps
560 ml Rahm
2–3 Eiweiß (90 g)
50 g Zucker
1 Prise Salz

Rotweinbirnen:
400 ml Beaujolais
60 ml Grenadinesirup
120 g Zucker
Saft von 2 Orangen
1 Zimtstange
5 Williamsbirnen

1 Teelöffel Mondamin, mit etwas Rotwein vermischt

1 Den Espresso mit den Zimtstangen auf 100 ml einkochen. Die Kuvertüre in einer Schüssel über einem heißen Wasserbad lippenwarm schmelzen. Die Gelatine in kaltem Wasser einweichen.

2 Ei und Eigelb in einer Schüssel über dem Wasserbad schaumig-weiß aufschlagen. Die ausgedrückte Gelatine unter die Eimasse mischen. Die Kuvertüre, den Nussschnaps und den abgeseihten Espresso unterrühren. Die Mischung auf Eiswasser kalt rühren, bis sie fest zu werden beginnt. Den Rahm halbsteif schlagen. Eiweiß und Zucker mit einer Prise Salz cremig aufschlagen. Zuerst den Schlagrahm, dann den Eischnee unter die Mousse haben. In eine Schüssel füllen und mindestens 3 Stunden kalt stellen.

3 Für die Rotweinbirnen den Beaujolais mit Grenadinesirup, Zucker, Orangensaft und Zimtstange aufkochen. Die Birnen schälen, der Länge nach halbieren (ohne den Stiel zu entfernen) und mit einem Ausstecher etwas aushöhlen. Die Birnenhälften in den heißen Rotweinfond legen, kurz aufkochen und auf kleiner Flamme gar ziehen lassen. Im Fond über Nacht durchziehen lassen.

4 Vor dem Anrichten die Birnen fächerförmig einschneiden und mit dem leicht abgebundenen Fond überziehen. Die Mousse mit einem in heisses Wasser getauchten Löffel abstechen.

Zimt-Panna-cotta

½ l Rahm
1 Esslöffel Zimtpulver
100 g Zucker
4 Blatt Gelatine

250 g Himbeeren, frische oder tiefgekühlte aufgetaut
50 g Puderzucker
1–2 Esslöffel Himbeergeist

frische Himbeeren als Garnitur
gehobelte Schokolade zum Bestreuen

1 Den Rahm mit Zimt und Zucker verquirlen und bei mittlerer Hitze etwa 4 Minuten leise köcheln lassen.
2 Die Gelatine in kaltem Wasser einweichen, gut ausdrücken und im heißen Zimtrahm auflösen. Diesen auf Eis stellen, bis die Rahmmischung leicht zu gelieren beginnt. Dann in Portionsförmchen füllen und für 4 Stunden in den Kühlschrank stellen.
3 In der Zwischenzeit die Himbeeren mit dem Puderzucker pürieren, durch ein feines Sieb streichen und mit Himbeergeist abschmecken.
4 Die Förmchen kurz in heißes Wasser tauchen, die Panna-cotta stürzen und mit der Himbeersauce anrichten. Mit frischen Himbeeren und gehobelter Schokolade garnieren.

Geeistes Zimtsoufflé mit Calvados

Für 4–6 Personen

2 Eier
4 Eigelb
2 Teelöffel Zimtpulver
100 g Puderzucker
50 ml Calvados
400 g geschlagener Rahm
10 g Kakao
1 Teelöffel Zimtpulver

1 Die Soufflèförmchen mit Backpapierstreifen umwickeln, so dass sie den Rand um etwa 2 cm überragen. Das Papier mit Klebestreifen an den Förmchen befestigen.
2 Eier, Eigelbe, Zimt und Puderzucker sehr schaumig schlagen. Den Calvados hinzufügen, dann den geschlagenen Rahm behutsam unterheben.
3 Die Masse bis zum Papierrand in die Förmchen füllen, glatt streichen und 6 Stunden gefrieren lassen.
4 Den Kakao mit dem Zimt mischen und die Soufflés dünn damit bestäuben. Dann erst die Papiermanschette von den Förmchen entfernen.

Wo liegt das Paradies? – Die heutige Heimat des Zimtbaums

Grob gesagt: 7 Grad Nord, 81 Grad Ost oder genauer: im Südwesten der gefundenen Tropeninsel.
Als Vasco da Gama 1497 von Lissabon aus in See stach, um »das Paradies« zu suchen, wusste er nicht einmal, von welchen Koordinaten er lossegelte – das Gradnetz der Erde wurde erst vor knapp hundert Jahren vereinheitlicht. Trotzdem hat er alles gefunden, was er suchte – Christen und Gewürze. Letztere reichlich, allen voran und zu allererst die Nase betörend: Zimt.
Die »Christen« waren eigentlich Buddhisten oder auch Hindus, und mit der Bekehrung kam er ein paar Jahrhunderte zu spät. Das hatte bereits 248 v. Chr. der buddhistische Mönch Mahinda besorgt. Als Sohn des nordindischen Kaisers Ashoka legte er den Grundstein für die bis heute dominierende Religion auf der Insel. Sie hieß damals übrigens Sinhala-Dwipa, zusammengesetzt aus *sinha*, Löwe, und *dwipa*, Insel. Die ersten Siedler aus Nordindien waren Singhalesen (Löwensöhne) und wollten sich um den Namen des Eilands nicht weiter den Kopf zerbrechen. Etwa zur gleichen Zeit fanden die ersten Eroberungszüge südindischer Tamilen statt: der Beginn einer langen und tiefgreifenden Feindschaft.
Zwischenzeitlich wechselten sich die Reiche und ihre Einflussgebiete des Öfteren ab. Geblieben ist eigentlich nur der Name des vereinigten Königreiches, *Lanka*, das bereits 161 v. Chr. gegründet worden war, nachdem der tamilische Eindringling Elara gerade einmal schwächelte. *Lanka* heißt so viel wie »strahlendes Land«.
Das muss auch Vasco da Gama so empfunden haben, als ihn klare und saubere Luft trotz hoher Feuchtigkeit, Sonne, Hitze und saftiges Grün empfingen. Und über allem schwebte der verführerische Duft nach Blumen und Gewürzen, der bis in die letzten Winkel drang. Trotzdem nannte er die Insel nach ersten »Gesprächen« mit den Einheimischen *Cilao*, abgeleitet vom bereits erwähnten *Sinha*. Die nachfolgenden Holländer machten daraus *Cilan*, die Engländer schließlich *Ceylon*. Gehalten hat der Name immerhin bis 1972, noch 24 Jahre nach der Unabhängigkeit der Insel. Seither heißt sie Sri Lanka. »Sri« steht für edel oder erhaben.
Wenn der portugiesische Entdecker nach Zimt gefragt haben sollte –, und wir können annehmen, dass dies eines seiner ersten Anliegen gewesen ist – dann tat er es wohl mit dem Wort »canela«. Und sein singhalesisches Gegenüber antwortete nach einigem Rätselraten wohl mit »Aah! kurundu«, das tamilische irgendwann mit »Ooh! Ilavangam« bzw. »lavanga pattai«. Dann ging man (noch) gemeinsam auf die Suche, bis schließlich die Ausbeutung beginnen konnte – und damit weniger paradiesische Zeiten.
Nach Assoziationen zum Paradies gefragt, fallen dem modernen Menschen zuerst der berühmte Apfel und, leicht geschürzt, Adam und Eva ein, eventuell noch fliegende gebratene Tauben und überhaupt ein Land, wo Milch und Honig fließen. Auf Anhieb denkt man wohl nicht an schwankende Elefanten, knallig-bunt gekleidete Menschen, abenteuerlich vollgestopfte

Busse und Tuktuks. Letzteres sind knatternde dreirädrige Vehikel, die, sämtliche Verkehrsregeln missachtend, todesmutig »das Paradies« durchqueren – Tag und Nacht. Beleuchtung? Was für eine Frage! Sind wir doch im Paradies.

Nachts ist hier sowieso nicht die beste Zeit: Nicht nur die Elefanten sind dann grau, sondern selbst die meisten Blüten, die Teeplantagen und natürlich auch die Zimtwälder. Fürs Sightseeing um diese Zeit spricht allenfalls die Temperatur, denn die liegt gegen Morgen um etwa 5 bis 10 Grad tiefer als am Tage, aber eben immer noch bei durchschnittlich 22 bis 25 Grad Celsius. Das gilt zumindest für die Küstenregionen und den Südwesten der Insel, dort also, wo sich das Hauptanbaugebiet von Zimt befindet.

Wer angenehmere Temperaturen sucht, muss in die Höhe: Berühmt für sein wohltuendes und regenerierendes Reizklima ist etwa das Uva-Becken im Inneren des Landes – (un)sinnigerweise auch die »Schweiz Sri Lankas« genannt. Zwischen 1100 und 1500 Meter über dem Meer gelegen, diente es schon den Kolonialherren früherer Zeiten als das Erholungsgebiet des gesamten südindischen Raumes. Im heutigen »health triangle« hat die Erholung den Namen Ayurveda und bedeutet immer noch Stressabbau pur.

Doch wir sind wegen des Zimtbaums auf der Insel. Noch zu Zeiten der portugiesischen Herrschaft stammte die Zimtrinde von wild wachsenden Bäumen, erst die Holländer hundert Jahre später legten Plantagen an. Seit je war der Umgang mit Zimt weitgehend einer bestimmten Bevölkerungsgruppe vorbehalten, der Salagama-Kaste. Von Generation zu Generation wurde das Wissen um Anbau, Pflege und vor allem Ernte weitergegeben. Bis in die heutige Zeit, in der allerdings zunehmend Probleme mit dem Nachwuchs auftauchen, denn die Arbeit ist anstrengend und überdies nicht gut bezahlt. Profit machen erst die Klein- und Großhändler, dann die Importhäuser mit Sitz außerhalb der Insel.

Wenn der Regen des Südwestmonsuns Ende Mai, Anfang Juni in diesem Teil der Insel einsetzt, wetzen die Zimtschäler zum ersten Mal im Jahr ihre Messer. Mit Beil, Messingstäben und einem ganzen Sortiment unterschiedlicher Messer ausgerüstet, geht es in die Plantagen und Zimtgärten. »Wälder« kann man sie heute eigentlich nicht mehr nennen, dazu werden die Pflanzen zu niedrig gehalten. Daher bieten sie auch keinen natürlichen Schutz gegen die sich regelmäßig abwechselnden Phasen sengender Sonne und prasselnder Regengüsse, die für die Monsunzeit bis August hier typisch sind. Nicht immer, aber meist wird im Spätherbst ein zweites Mal geerntet.

Das Biotop der Insel ist zweigeteilt und wird bestimmt von den Monsunzeiten: Mai bis September im Südwesten, dann von November bis März der in umgekehrter Richtung wehende Nordostmonsun im Norden und Osten. Lediglich der Südosten Sri Lankas bekommt nur wenig Regen ab. Er ist steppenartig trocken und noch etwas heißer. Heiß ist es aber eigentlich immer und fast überall, Kühlung gibt es nur in den Bergen. Wir sind in den Tropen und der Äquator ist ganz nah. Gewöhnungsbedürftig für uns bleiche Mitteleuropäer, aber gut für den Zimtbaum – und den besten Zimt der Welt.

Zimteissoufflé

Für 8 Personen

50 ml Milch
1 Zimtstange
½ Teelöffel Honig
60 g Zucker
2 Eigelb
200 ml Rahm, geschlagen

8 Espressotassen
Backpapier

1 Aus doppelt gelegtem Backpapier eine Manschette formen und so zurechtschneiden, dass sie 3–4 cm über den Rand der Espressotasse ragt. Jeweils um die Tassen legen und mit Klebestreifen fixieren. Die so präparierten Tassen oder anderen Formen vorkühlen.

2 Die Milch mit der Zimtstange aufkochen und 30 Minuten zugedeckt ziehen lassen.

3 Die Zimtmilch in einen Topf absieben und mit Honig, Zucker und den Eigelben unter ständigem Rühren erhitzen (aber nicht aufkochen!), bis die Creme leicht angedickt auf dem Kochlöffel liegen bleibt (beim Daraufblasen bilden sich Ringe). In eine Schüssel gießen und auf Eiswasser kalt rühren. Anschließend den Schlagrahm mit einem Kochlöffel vorsichtig unter die Creme heben. In die vorbereiteten Formen füllen und mindestens 3 Stunden gefrieren lassen.

4 Zum Servieren die Papiermanschetten entfernen, das Eissoufflé mit Zimtpulver bestreuen und mit einem Pariserlöffel ein kleines Loch ausstechen. Mit einem beliebigen Schnaps (sehr gut passen Grand Marnier oder Cointreau) oder Fruchtmark füllen und mit Zimt-Hippenröllchen (Rezept Seite 78) garnieren.

Aprikosengrütze mit Zimtrahm

750 g reife Aprikosen
150 ml Weißwein
50 g Zucker
2 Zimtstangen
3 Blatt Gelatine
2–3 Esslöffel Aprikosenlikör

150 ml Rahm
2 Esslöffel Zucker, mit 2 Teelöffeln Zimt gemischt

1 Die Aprikosen halbieren und entsteinen. Die Hälfte der Aprikosen zusammen mit Wein, Zucker und Zimtstangen weich kochen. Die restlichen Aprikosen in Schnitze schneiden.
2 Die Gelatine in kaltem Wasser einweichen. Die gekochten Aprikosen fein pürieren, die gut ausgedrückte Gelatine im heißen Aprikosenpüree auflösen. Die Aprikosenschnitze und den Likör unterrühren und kalt stellen.
3 Den Rahm mit dem Zimtzucker steif schlagen.
4 Die Aprikosengrütze mit dem Zimtrahm anrichten und nach Belieben mit Hippenbögen und Minze garnieren.

Tipp:
Für die Hippenbögen siehe Rezept »Zimt-Hippenröllchen«. Um die Bogenform zu erreichen, die frisch gebackenen und noch heißen Hippenstreifen über eine liegende Flasche oder ein Nudelholz legen und so erkalten lassen.

Geeister Glühweinpunsch am Zimtstiel

Für 4–6 Eislutscher

400 ml Rotwein
200 ml Orangensaft
100 g brauner Zucker
1 Vanilleschote, aufgeschlitzt
2 Sternanis
3 Nelken
3 Kardamomkapseln
2 Zimtstangen
abgeriebene Schale von 1 Zitrone

4–6 schöne Zimtstangen als Stiel

1 Den Rotwein mit dem Orangensaft und dem Zucker aufkochen. Vom Herd nehmen und die Gewürze und die Zitronenschale hinzufügen, 30 Minuten ziehen lassen.
2 Den Punsch durch ein Sieb gießen und in kleine Portionsförmchen (z. B. kegelförmige Trinkbecher) füllen. 3–4 Stunden gefrieren lassen.
3 In den angefrorenen Glühweinpunsch jeweils eine Zimtstange stecken und weitere 4 Stunden gefrieren. Aus den Portionsförmchen lösen und servieren.

Amaretti-Zimt-Parfait mit Kirschenragout

Für 6 Personen

Parfaitmasse:
1 Ei
3 Eigelb
50 g Puderzucker
1 Teelöffel Zimtpulver
100 g Amaretti
250 ml Rahm, geschlagen

400 ml Kirschsaft
250 ml Rotwein
2 Zimtstangen
100 ml Cassislikör
1 Esslöffel Vanillepuddingpulver
Saft von 1 Zitrone
300 g entsteinte Kirschen

1 Das Ei und die Eigelbe zusammen mit Puderzucker und Zimt in einer Schüssel schaumig schlagen.
2 Die Amaretti zerbröseln und abwechselnd mit dem geschlagenen Rahm unter den Eischaum heben. Die Parfaitmasse in eine mit Folie ausgelegte Form füllen und 6 Stunden gefrieren lassen.
3 In der Zwischenzeit den Kirschsaft mit Rotwein, Zimtstangen und Cassislikör auf 300 ml einkochen. Das Puddingpulver mit dem Zitronensaft verrühren und die kochende Sauce damit binden. Die Kirschen unterheben.
4 Das Amaretti-Zimt-Parfait aus der Form stürzen, die Folie entfernen und das Parfait in Scheiben schneiden. Mit dem warmen Kirschenragout servieren.

Zimtwaffeln mit Kirschenragout

Waffelteig:
100 g Mehl
150 ml Rahm
2 Eigelb
1 Teelöffel Zimtpulver
Mark von ½ Vanilleschote
abgeriebene Schale von ½ Zitrone
30 g Butter, flüssig, handwarm
3 Eiweiß
1 Prise Salz
30 g Zucker
Bratbutter für das Waffeleisen

Kirschenragout:
300 g Süß- oder Sauerkirschen
400 ml Rotwein
½ Vanilleschote
¼ Zimtstange
Saft von 1 Orange, durchgesiebt
10 g Mondamin
80 g Honig
20 ml Kirschwasser

1 Das Mehl in eine Schüssel sieben. Zuerst Rahm und Eigelb, dann Zimt, Vanillemark, Zitronenschale und die flüssige Butter unterrühren.

2 Die Eiweiße mit einer Prise Salz und 1 gestrichenen Esslöffel Zucker aufschlagen. Nach und nach den restlichen Zucker beifügen und das Eiweiß cremig schlagen. Zuerst ein Drittel des Eischnees unter den Teig heben, dann den Rest unterziehen.

3 Das Waffeleisen vorheizen und mit Bratbutter leicht einfetten. Den Teig portionsweise bei mittlerer Hitze zu Waffeln ausbacken.

4 Für das Kirschenragout die Kirschen waschen, abtropfen lassen und entsteinen. Den Rotwein mit der aufgeschlitzten Vanilleschote und der Zimtstange aufkochen und etwa 10 Minuten ziehen lassen. Das Mondamin im Orangensaft auflösen und den Rotweinfond damit binden. Mit Honig nach Geschmack süßen, die Kirschen beifügen und mit Kirschschnaps parfümieren. Zusammen mit den Waffeln servieren.

Weintraubenstrudel mit Zimtsabayon

Zimtsirup:
100 g Zucker
175 ml Wasser
5–6 Zimtstangen (30 g)
1 Sternanis

Strudelteig:
130 ml Wasser
¼ Teelöffel Salz
225 g Mehl
1 Teelöffel Traubenkernöl
oder ca. 350 g gekaufter Strudelteig

Füllung:
2 Eiweiß
40 g Zucker
2 Eigelb
25 g Mehl
25 g Haselnüsse
1 Messerspitze Zimt
400 g kernlose Trauben

50 g flüssige Butter
Zucker zum Bestreuen

Zimtsabayon:
100 ml Rahm
20 ml Milch
50 g Honig
1 Esslöffel Baccardi (weißer Rum)
3 Eigelb
40 ml Zimtsirup

1 Die Zutaten für den Zimtsirup zusammen aufkochen und auf 250 ml einkochen. Über Nacht durchziehen lassen und am nächsten Tag absieben.

2 Für den Strudelteig das Salz im Wasser auflösen und mit dem Mehl zu einem glatten Teig kneten. Den Teig in einem mit Traubenkernöl ausgefetteten Teller wälzen und in Klarsichtfolie gewickelt 1 Stunde ruhen lassen.

3 Für die Füllung die Eiweiße mit dem Zucker steif schlagen. Zuerst die Eigelbe darunterziehen, dann Mehl, Haselnüsse und Zimt untermischen.

4 Den Backofen auf 200 Grad vorheizen.

5 Den Strudelteig auf einem bemehlten Tuch hauchdünn ausziehen. Ein Drittel der Fläche des ausgezogenen Strudelteigs längsseits mit der Eischneemasse bestreichen, darauf die Weintrauben verteilen. Die restliche Teigfläche mit etwas flüssiger Butter beträufeln. Zu einem Strudel aufrollen und die Enden zusammendrücken.

6 Den Strudel auf ein gefettetes Backblech setzen, mit flüssiger Butter bepinseln und mit Zucker bestreuen. Im vorgeheizten Ofen 20–25 Minuten backen. Auskühlen lassen und mit Puderzucker bestäuben.

7 Für die Sabayon alle Zutaten in eine Schüssel geben und über dem Wasserbad bei mäßiger Hitze aufschlagen. Danach sofort auf Eiswasser kalt schlagen. Zum Strudel anrichten.

Apfel-Zimt-Tarte mit Vanilleeis

250 g Blätterteig
100 g Marzipan
3 Teelöffel Zimtpulver
2–3 Esslöffel Calvados
1 Eiweiß
3 Äpfel
50 g Butter
4 Kugeln Vanilleeis

1 Den Blätterteig 3 mm dünn ausrollen. Mit einem Ausstecher 4 Rondellen von 12 cm Durchmesser ausstechen, auf ein mit Backpapier belegtes Blech legen und mehrmals mit einer Gabel einstechen.
2 Das Marzipan mit 2 Teelöffeln Zimt, dem Calvados und dem Eiweiß glatt rühren. Die Blätterteigböden gleichmäßig dünn damit bestreichen.
3 Die Äpfel waschen, entkernen, halbieren und in sehr dünne Scheiben schneiden. Die Apfelscheiben rosettenartig auf die vorbereiteten Blätterteigböden legen.
4 Den Backofen auf 200 Grad vorheizen.
5 Die Butter mit einem Teelöffel Zimt schmelzen lassen. Die Tarte mit der Zimtbutter bestreichen und etwa 12 Minuten im vorgeheizten Ofen backen.
6 Die warmen Apfel-Zimt-Tartes mit je einer Kugel Vanilleeis servieren.

Apfel-Zimt-Hörnchen

Für 8 Hörnchen

1 Apfel
30 g Butter
1 Esslöffel Zucker
2 Teelöffel Zimtpulver
150 g Marzipan
2 Esslöffel Puderzucker
ca. 300 g Croissantteig, ausgerollt gekauft, oder beim Bäcker besorgen
1 Eigelb
2 Esslöffel Rahm

1 Den Apfel schälen, entkernen und achteln.
2 Die Butter schmelzen, die Apfelschnitze darin anbraten, dabei mit dem Zucker bestreuen und diesen karamellisieren lassen. Die gebratenen Apfelschnitze mit der Hälfte des Zimts bestäuben, aus der Pfanne nehmen und abkühlen lassen.
3 Das Marzipan mit dem Puderzucker bestreuen und zwischen zwei Lagen Klarsichtfolie dünn ausrollen. In 8 Stücke teilen und jeden Apfelschnitz in ein Stück Marzipan hüllen.
4 Den Backofen auf 200 Grad vorheizen.
5 Den Croissantteig in 8 längliche Dreiecke schneiden. Auf die untere Schmalseite jeweils einen der Apfelschnitze legen und den Teig bis zur Spitze aufrollen.
6 Die Apfel-Zimt-Hörnchen nebeneinander auf ein mit Backpapier belegtes Blech legen. Das Eigelb mit dem Rahm und dem restlichen Zimt verquirlen und die Croissants damit bestreichen. Etwa 15 Minuten im vorgeheizten Ofen goldbraun backen.

Zimttarte mit Pflaumen und Schokoladeneis

Schokoladeneis:
250 ml Milch
250 ml Rahm
90 g Valrhona-Bitter-Kuvertüre, klein gehackt
4 Eigelb
75 g Zucker

Zimt-Blätterteig
250 g Mehl
1 gestrichener Teelöffel Salz
125 ml Wasser
65 g Butter, weich
240 g Butter
85 g Mehl
1 Teelöffel Zimtpulver

Belag:
50 g Marzipan
25 g Eiweiß
12 Pflaumen
30 g Butter, flüssig
1 Esslöffel Zitronensaft

Puderzucker zum Bestäuben

1 Für das Schokoladeneis die Milch mit dem Rahm aufkochen. Die Eigelbe mit dem Zucker verrühren, die Rahm-Milch-Mischung beifügen und über einem heißen Wasserbad rühren, bis die Masse cremig wird. Die klein gehackte Schokolade dazugeben, glatt rühren und durch ein Sieb in eine kalte Schüssel gießen, abkühlen lassen und in der Eismaschine gefrieren lassen.

2 Für den Blätterteig das Mehl mit Salz, Wasser und der weichen Butter rasch zu einem glatten Teig verarbeiten. Zu einer Kugel formen und kreuzweise einschneiden, etwa $\frac{1}{2}$ Stunde ruhen lassen. Die 240 g Butter mit Mehl und Zimt glattarbeiten, zu einem Ziegel formen. Den Teig kleeblattförmig ausrollen und in der Mitte etwas dicker lassen. Den Butterziegel in die Mitte des Teiges geben und mit den vier Teigenden bedecken. Den Teig gleichmäßig ausrollen und 30 Minuten kühlen. Anschließend zwei Drittel der Teigfläche zusammenklappen und das letzte Drittel darüberschlagen, erneut 30 Minuten kühl gestellt ruhen lassen, dann wiederum ausrollen. Den Vorgang noch viermal wiederholen.

3 Den Teig 3 mm dünn ausrollen, zu 6 Böden von 12 cm Durchmesser. Mit einer Gabel einstechen.

4 Den Backofen auf 190 Grad vorheizen.

5 Marzipan und Eiweiß zu einer cremigen Masse verarbeiten (am besten mit dem Mixstab) und mit dem Spritzbeutel spiralförmig auf die Blätterteigböden aufspritzen. Die Pflaumen halbieren, entsteinen und feinblättrig schneiden. Auf jeder Tarte zwei Pflaumen fächrig auslegen. Die flüssige Butter mit dem Zitronensaft mischen, die Tartes damit bestreichen und im vorgeheizten Backofen 15 Minuten backen. Mit Puderzucker bestäuben und mit dem Schokoladeneis servieren.

Tipp:
Statt des etwas aufwendigen selbstgemachten Blätterteigs 300 g fertigen Blätterteig mit 1 Teelöffel Zimtpulver bestreuen und ausrollen.

Mandel-Zimt-Törtchen

Ergibt 20 Stück

100 g weiche Butter
50 g Puderzucker
1 Prise Salz
2 Eier
100 g Mehl
1 Esslöffel Backpulver
1 Esslöffel Zimtpulver
50 g gemahlene Mandeln

Garnitur:
3 Esslöffel Hagelzucker
150 ml Rahm
1 Päckchen Vanillezucker

Butter für die Form

1 Die Butter mit dem Puderzucker und einer Prise Salz schaumig schlagen. Nach und nach die Eier darunterrühren. Das Mehl mit Backpulver, Zimt und Mandeln mischen und unter die Buttercreme rühren.
2 Den Backofen auf 180 Grad vorheizen.
3 Den Teig in kleine, ausgebutterte Förmchen füllen und etwa 12 Minuten im Ofen goldbraun backen. Auskühlen lassen.
4 Für die Garnitur den Hagelzucker auf ein mit Backpapier belegtes Blech verteilen und unter dem heißen Backofengrill 2–3 Minuten goldbraun karamellisieren.
5 Den Rahm mit dem Vanillezucker steif schlagen und in einen Spritzbeutel mit gezackter Tülle füllen.
6 Die Mandel-Zimt-Törtchen aus den Förmchen lösen und kurz vor dem Servieren mit dem Rahm und den Karamellperlen garnieren.

Zimt und Erotik

So manches Gewürz hat sich über die Jahrhunderte nicht nur einen festen Platz in der Küche erobert, sondern auch im Lexikon der Aphrodisiaka.
Zufall? Wohl kaum. Von jeher geht es neben ein paar anderen Kleinigkeiten nur um das Eine. Essen? Auch, und deshalb am besten gleich richtig gewürzt. Zum Beispiel als »Hackbällchen à la Venus«. Die gibt es wirklich, eigens als Ersatz für einschlägige Mittelchen kreiert, und mit dem Vorteil, dass sie beide Geschlechter gleichermaßen »bereit« machen sollen und wahrscheinlich auch nebenwirkungsfrei sind.
Wissenschaftlicher Hintergrund für die nicht nur angebliche Wirksamkeit von Zimt sind seine durchblutungsfördernden und gleich in mehrfacher Hinsicht anregenden Eigenschaften, kurz: Stimulation auf allen Ebenen. Verantwortlich hierfür dürfte hauptsächlich das Zimtaldehyd sein, das sich zu 80 Prozent in der Rinde findet, neben 5 Prozent Eugenol. In den geruchlosen Zimtblättern ist das Verhältnis genau umgekehrt.
Also her mit den magischen Stäbchen, ob nun gemahlen oder ganz! Selbst die Form der Zimtstangen soll erotische Ausstrahlung besitzen. Ob sie allein dadurch Frauen verführerischer und flirtwilliger machen? Wahrscheinlich nicht, weshalb schon der antike Mann eher auf Nummer Sicher geht. Denn bereits in den Sprüchen Salomons steht: »Ich habe mein Lager mit Myrrhe, Aloe und Zimt besprengt. Komm lass uns buhlen bis an den Morgen, und lass uns der Liebe pflegen.«
Dabei hilft heute vielleicht auch noch folgender Trank: Man nehme fünf gehäufte Teelöffel Kakao bester Qualität, zwei Teelöffel Zimt, je ein bis zwei Messerspitzen gemahlenen Kardamom und Nelkenpulver, eine Messerspitze gemahlenen Koriander, das Mark einer Vanilleschote und eine Chilischote für die Schärfe. Die Zutaten werden in einem Viertelliter Wasser fünf Minuten lang gekocht und nach Bedarf mit Honig gesüßt.
Man sieht, bis heute hat sich am erotischen Bezug von Zimt – und anderen Gewürzen – nichts geändert, auch wenn im Laufe der Jahrhunderte zahlreiche weitere Facetten hinzugekommen sind. Das dürfte wohl auch daran liegen, dass gerade Zimt dem beständigeren Teil des Menschengeschlechts zugeschrieben wird, dem weiblichen. Nicht der schnelle Erfolg steht im Vordergrund, sondern die Nachhaltigkeit.
Nur manchmal wissen selbst Männer, worum es geht: So zum Beispiel in dem wunderbar sinnlichen Film »Zimt und Koriander«, in dem in der Erinnerung der Großvater dem Enkel den Weg in die Wissenschaft der Sterne, die Astronomie, mit den Sätzen weist: »Im Wort Gastronomie steckt auch das Wort Astronomie. Pfeffer ist warm und brennt wie die Sonne, Zimt ist süß und bitter wie die Venus und damit wie die Frauen.« Der Enkel wurde beides, Astrophysiker und leidenschaftlicher Koch. Viele Jahre später fragt er sich, ob ihm die magischen Kräfte der Gewürze, von denen der Großvater in unvergessenen, spannenden Stunden erzählte, den richtigen Weg gewiesen haben? Und vielleicht gar geholfen haben, das Leben besser zu meistern – und vor allem richtig zu würzen.

Zimtbuchteln mit Zwetschgenröster

Buchteln:
60 ml Milch, lauwarm
250 g Mehl
45 g Zucker
20 g Hefe
2 Eier
2 Eigelb
1 Prise Salz
2 Teelöffel Zimtpulver
60 g Butter, zimmerwarm
30 g flüssige Butter

Zwetschgenröster:
300 g Zwetschgen
100 g Zucker
2 Zimtstangen
2 cl Zwetschgenschnaps
ca. 10 g Speisestärke

1 Für die Buchteln die Milch, 30 g Mehl, 20 g Zucker und die Hefe verrühren. Diesen Vorteig zugedeckt an einem warmen Ort auf das doppelte Volumen aufgehen lassen.
2 Das restliche Mehl (220 g) mit den Eiern, den Eigelben, dem restlichen Zucker (25 g), Salz, Zimt, der zimmerwarmen Butter und dem Vorteig zu einem glatten Teig verkneten. Wiederum auf das doppelte Volumen aufgehen lassen.
3 Den Backofen auf 180 Grad vorheizen.
4 Den Teig etwa 1 cm dick ausrollen. Rondellen von 4 cm Durchmesser ausstechen und in eine ausgefettete Form setzen. Mit Puderzucker bestäuben und zugedeckt nochmals aufgehen lassen, bis die Buchteln etwa die Hälfte an Volumen zugelegt haben. Mit flüssiger Butter bestreichen und im vorgeheizten Ofen 15–20 Minuten backen.
5 Für das Zwetschgenröster die Zwetschgen entkernen und in Schnitze schneiden. Den Zucker leicht hellbraun karamellisieren, die Zwetschgenschnitze und Zimtstangen dazugeben und das Ganze langsam einkochen. Den Zwetschgenschnaps unterrühren und, falls nötig, mit Stärkemehl binden.
6 Die Buchteln mit Puderzucker bestäuben und mit dem Zwetschgenröster anrichten.

Mandel-Pfirsich-Muffins mit Zimtglasur

Für 12 Muffins

2 reife Pfirsiche
50 g Mandeln
2 Eier
100 g Zucker
200 ml Milch
100 g flüssige Butter
1 Prise Salz
Mark von 1 Vanilleschote
300 g Mehl
1 Esslöffel Backpulver
Butter für die Form

Glasur:
100 g Puderzucker
2 Teelöffel Zimtpulver
Saft von 1 Zitrone

1 Die Pfirsiche halbieren, entsteinen und in kleine Würfel schneiden. Die Mandeln rösten und fein hacken.

2 In einer großen Schüssel die Eier mit Zucker, Milch, der flüssigen Butter, einer Prise Salz und dem Vanillemark verrühren. Das Mehl mit dem Backpulver mischen, darübersieben und mit einem großen Löffel locker unterheben.

3 Den Backofen auf 200 Grad vorheizen.

4 Die Pfirsichwürfel und die gehackten Mandeln unter den Teig heben. Den Teig in ein gefettetes Muffinblech verteilen und im vorgeheizten Ofen 25–30 Minuten goldbraun backen.

5 Die Muffins auskühlen lassen. Den Puderzucker mit Zimt und Zitronensaft verrühren. Die Glasur über die Muffins gießen und antrocknen lassen.

Zimtstreusel-Kuchen

Für eine Backform von 20 × 30 cm
Ergibt 30 Stück

100 g weiche Butter
100 g Zucker
2 Eier
400 g Mehl
1 Päckchen Backpulver
300 ml Buttermilch

Streusel:
100 g kalte Butter
50 g brauner Zucker
2 Teelöffel Zimtpulver

Butter für die Form
Puderzucker zum Bestäuben

1 Den Backofen auf 180 Grad vorheizen.
2 Die Butter mit dem Zucker schaumig schlagen. Nach und nach die Eier darunterrühren. 300 g Mehl mit dem Backpulver mischen und abwechselnd mit der Buttermilch unter die Buttermasse rühren.
3 Den Teig in die ausgebutterte Backform streichen und im vorgeheizten Ofen 20 Minuten backen.
4 In der Zwischenzeit für die Streusel die kalte Butter mit dem braunen Zucker, dem restlichen Mehl und dem Zimtpulver krümelig verkneten.
5 Die Streusel gleichmäßig auf den vorgebackenen Kuchen verteilen und weitere 15 Minuten backen. Den Kuchen in der Form abkühlen lassen, mit Puderzucker bestäuben und in Stücke schneiden.

Zimtwaffeln mit Kürbis-Orangen-Rahm

200 g Muskatkürbis, ohne Schale und Kerne
100 ml Orangensaft
geriebene Schale von 1 Orange
Mark von 1 Vanilleschote
½ Teelöffel Zimtpulver
1–2 Esslöffel brauner Zucker
2 Esslöffel Cognac

Waffelteig:
150 g Mehl
1 Esslöffel Backpulver
300 ml Rahm
2 Eigelb
1 Esslöffel Zimtpulver
30 g flüssige Butter
3 Eiweiß
1 Prise Salz
1 Päckchen Vanillezucker
50 g Bratbutter

50 g Puderzucker, mit 1 Teelöffel Zimtpulver gemischt
2 Esslöffel gehobelte Schokolade

1 Den Kürbis grob raspeln und mit dem Orangensaft, der abgeriebenen Orangenschale, Vanillemark, Zimt, Zucker und Cognac mischen. Bei mittlerer Hitze so lange köcheln lassen, bis sämtliche Flüssigkeit verdampft ist und der Kürbis eine püreeartige Konsistenz hat. Dabei öfter umrühren. Erkalten lassen.
2 In der Zwischenzeit für den Waffelteig das Mehl mit dem Backpulver mischen, die Hälfte des Rahms, Eigelbe, Zimt und flüssige Butter beigeben und glatt rühren. Die Eiweiße mit einer Prise Salz steif schlagen. Dabei langsam den Vanillezucker einrieseln lassen. Den Eischnee behutsam unter den Teig heben.
3 Das Waffeleisen erhitzen und mit etwas Bratbutter einfetten. Den Teig darin portionsweise zu Waffeln ausbacken. Die Waffeln auf einem Kuchengitter im 50 Grad warmen Ofen warm halten.
4 Die restlichen 150 ml Rahm steif schlagen und locker unter das Kürbispüree heben.
5 Die Waffeln mit dem Zimtpuderzucker bestäuben, mit dem Kürbis-Orangen-Rahm anrichten und mit gehobelter Schokolade bestreuen.

Nussschnecken

Für 6–8 Stück

10 g Hefe
150 ml lauwarme Milch
2 Esslöffel Zucker
300 g Mehl
2 Eigelb
abgeriebene Schale von ½ Zitrone
1 Prise Salz
50 g weiche Butter
100 g Marzipan
200 g gemahlene Haselnüsse
1 Esslöffel Zimtpulver
2 Esslöffel Honig
1 Eiweiß
1–2 Esslöffel Rum
2 Esslöffel Rahm

1 Die Hefe in der lauwarmen Milch auflösen, den Zucker und 50 g Mehl hinzufügen und zu einem Vorteig verrühren. Diesen zugedeckt an einem warmen Ort etwa 15 Minuten aufgehen lassen.
2 Das restliche Mehl, 1 Eigelb, die Zitronenschale und eine Prise Salz zusammen mit dem Vorteig und der Butter zu einem glatten Teig verkneten. Zugedeckt an einem warmen Ort auf das doppelte Volumen aufgehen lassen.
3 In der Zwischenzeit das Marzipan mit den geriebenen Haselnüssen, Zimt, Honig, Eiweiß und Rum zu einer streichfähigen Masse verrühren.
4 Den Hefeteig auf einer bemehlten Arbeitsfläche 5 mm dünn ausrollen. Die Nussmasse gleichmäßig dünn auf den Teig streichen, den Teig aufrollen und 30 Minuten in das Gefrierfach legen.
5 Den Backofen auf 180 Grad vorheizen.
6 Die Hefeteigrolle in 6–8 Stücke schneiden. Jede Schnecke mit einem Backpapierstreifen mehrmals umwickeln und diesen mit Küchengarn binden.
7 Das zweite Eigelb mit dem Rahm verquirlen und die Nussschnecken damit bestreichen. Im vorgeheizten Ofen rund 25 Minuten backen.

Birnenkonfitüre mit Zimt

Für 4–6 Gläser

1 kg Birnen
Saft von 2 Zitronen
500 g Gelierzucker 1:2
3 Zimtstangen
Mark von 1 Vanilleschote
100 ml Weißwein
100 ml Birnensaft

1 Die Birnen schälen, entkernen und in kleine Würfel schneiden. Mit allen übrigen Zutaten mischen und zum Kochen bringen. Anschließend weitere 2 Minuten kochen lassen, dabei öfter umrühren.
2 Die Konfitüre in heiß ausgespülte Gläser füllen, verschließen und 5 Minuten auf den Deckel stellen. Danach im Kühlschrank auskühlen lassen.

Zimtkipferl

Ergibt 50 Stück

200 g weiche Butter
100 g Zucker
2 Teelöffel Zimtpulver
250 g Mehl
100 g fein gemahlene Mandeln

100 g Puderzucker
1 Teelöffel Zimtpulver

1 Die Butter mit dem Zucker schaumig schlagen. Zimt, Mehl und Mandeln hinzufügen und alles zu einem Teig verkneten.
2 Den Teig zu 3 Rollen formen. Diese in etwa 2 cm dicke Stücke schneiden und 1 Stunde kühl stellen.
3 Den Backofen auf 180 Grad vorheizen.
4 Die Teigstücke zu walnussgroßen Bällchen formen, diese dann zu etwa 8 cm langen Würstchen mit spitz zulaufenden Enden rollen und in Kipferlform (zu Halbmonden) biegen. Auf ein mit Backpapier belegtes Blech legen. Im vorgeheizten Ofen 10–12 Minuten hellbraun backen.
5 Den Puderzucker mit dem Zimt mischen. Die noch warmen Kipferl vorsichtig vom Blech nehmen und im Zucker wenden. Auskühlen lassen.

Schoko-Cognac-Trüffel

Ergibt 30 Stück

150 g weiche Butter
50 g Puderzucker
2–3 Esslöffel Cognac
1 Esslöffel Zimtpulver
200 g weiße Schokolade
200 g Vollmilchschokolade
Puderzucker oder Kakao zum Wälzen

1 Die Butter mit dem Puderzucker schaumig schlagen. Cognac und Zimt daruntermischen.
2 Die Schokolade grob zerkleinern und in einer Schüssel über einem heißen Wasserbad schmelzen. Die flüssige Schokolade unter die Buttermasse rühren und diese 2 Stunden kühl stellen.
3 Aus der Trüffelmasse etwa 30 walnussgroße Kugeln formen. Diese in Puderzucker oder Kakao wälzen.

Zimttrüffel

Ergibt 60 Stück

200 g Vollmilchschokolade
130 ml Rahm
10 g Glukosesirup
2 Teelöffel Zimtpulver

250 g Vollmilch-Kuvertüre
100 g Kakaopulver
2 Teelöffel Zimt (ca. 20 g), gesiebt

1 Die Schokolade in einer Schüssel über einem heißen Wasserbad schmelzen. Den Rahm mit dem Glukosesirup aufkochen und unter die geschmolzene Kuvertüre mischen. Den Zimt unterrühren und die warme Creme mit dem Mixstab glatt rühren. Abkühlen lassen und anschließend mit dem Handrührgerät cremig rühren.
2 Die Masse in einen Spritzbeutel mit Lochtülle Nr. 8 füllen und zu Kugeln spritzen. Im Kühlschrank fest werden lassen.
3 Die Kuvertüre auf etwa 30 Grad erwärmen. Das Kakaopulver mit dem Zimt mischen und sieben.
4 Die Schokoladenkugeln mit Hilfe einer Essgabel oder einer kleinen, zweizinkigen Pralinengabel in die warme Kuvertüre tauchen, gut abtropfen lassen, anschließend in das Kakao-Zimt-Pulver setzen und darin wälzen. Überschüssiges Pulver abschütteln.
5 Nach dem Überziehen die Schokoladenkugeln bei Raumtemperatur etwa 3–5 Minuten stehen lassen, bis der Überzug anzuziehen beginnt.

»Sage mir, wie du würzt ...« Zimt in den Küchen der Welt

In unseren Breiten ist die Sache klar: Bereits die Alliteration »Zimt und Zucker«, die jedem Kind wie selbstverständlich über die Lippen geht, weist den Weg: Zimt und Süßes gehören zusammen.
Ob nun der berühmt-berüchtigte Milchreis, Kompotte, Puddings, warme und kalte Obstspeisen, Marmeladen, Eiskaffee, Milchshakes oder Punsch – Zimt ist drauf, drin oder zieht zumindest eine Weile mit. Besonders an Weihnachten scheint kein Entkommen: Lebkuchen, Bratäpfel, Glühwein – ohne Zimt undenkbar.
Das war nicht immer so. Wir erinnern uns: Ganz früher einmal hatte Zimt zusammen mit den anderen seltenen und teuren Gewürzen aus »Tausendundeiner Nacht« die Aufgabe, so gut wie alles, was aus der Küche kam, zu begleiten oder besser: zu überdecken. Wir waren also zumindest bei der Verwendungsvielfalt schon einmal weiter. Wenn auch aus zweifelhaften Gründen und mit absurden Auswüchsen.
Weshalb es zu jenem Rückschritt und der weitgehenden Beschränkung von Zimt auf Süßes kam, dürfte ein Geheimnis des europäischen Gaumens bleiben, der diese Vorliebe im Laufe der letzten paar Hundert Jahre entwickelte. Denn sinnfällig oder gar notwendig ist diese Einschränkung nicht. Ein paar Ausnahmen, die die Regel bestätigen, gibt es dennoch: eine Prise Zimt zum Rotkohl, ein Hauch an die Senfgurken oder den eingelegten Kürbis, eine Messerspitze über den ungesüßten Kaffee oder Tee, mal hie und da ein bisschen an die Leberwurst – aber das war's dann schon.
Je weiter wir uns zu den Außengrenzen Europas bewegen, desto mehr verschiebt sich das Verwendungsspektrum hin zum Kräftigen und Deftigen, den Hauptgerichten gar. In Griechenland ist es beispielsweise gang und gäbe, diverse Schmorgerichte aus Rind und Lamm kräftig mit Zimt abzuschmecken. Was nicht heißt, dass auch dort in nahezu jedem noch so klebrig-süßen Dessert Zimt enthalten ist – nichts gegen *Lukumádes* oder *Bakláva*, eine Süßspeise, die übrigens ursprünglich aus der Türkei stammt. Und auch der Weg weiter in den Osten bleibt

eine vergleichsweise abwechslungsreiche Reise zu den Wurzeln des Zimtbaumes: Zimt in Lammeintopf oder Hackfleischbällchen, Zimt in Füllungen für Auberginen und Tomaten, im Fischragout oder zusammen mit Zwiebeln und Knoblauch als würzige Beilage. Vermieden wird lediglich die Kombination mit typisch subtropischen Kräutern, wie Oregano, Thymian oder Rosmarin.
Bis nach Indien und China ändert sich an dieser Vielfalt nichts, und noch weiter, sozusagen wieder auf dem Rückweg, hat Zimt ebenso seinen festen Platz in der mexikanischen Küche gefunden. So enthalten die meisten Currys und Chutneys aus Indien Zimt, und auch das besonders in Südchina beliebte Fünf-Gewürze-Pulver wird neben Sternanis, Fenchel, Nelke und Szechuanpfeffer mit ordentlich viel Zimt gemischt. Als Zutat für zahlreiche Beizen und Marinaden findet sich der Geschmack nachher in allen möglichen Fleisch-, Fisch- und Gemüsegerichten.
Nach Mexiko kam der Zimt erst spät. Die Schokolade war schon lange vorher da und sehr beliebt. Die Kombination der beiden also nur eine Frage der Zeit. Ob in *Mole*, einer scharfen Schokoladensauce, *Chorizo*, einem gewürzten Mett, oder *Champurado*, einer Maisschokolade – Zimt hat sich einen festen Platz in der mexikanischen Küche erobert. Nirgendwo sonst kommt die dem Gewürz innewohnende Schärfe – schmecken Sie einmal genau hin! – besser zur Geltung. Zimt, Muskat, Chili, Cayenne und Koriander, aber auch Kardamom und Ingwer sind beliebt für Kombinationen untereinander – fast überall auf der Welt. Frische Kräuter hingegen, einschließlich Petersilie, spielen zusammen mit Zimt kaum eine Rolle.
Die kleine Reise um die Welt wie auch die Rezepte ab Seite 83 zeigen: Es entgeht uns einiges, wenn wir Zimt hierzulande allzu selbstverständlich nur mit Süßspeisen in Verbindung bringen. Damit wird man Venus und den Frauen nicht wirklich gerecht. Schließlich ist es beim Zimt wie bei der Erotik: Immer die gleiche Spielart wird auf Dauer langweilig.

Schwarze Nüsse

1 kg grüne, d. h. unreif geerntete Walnüsse
1 kg Zucker
6 Gewürznelken
4 Sternanis
2 Vanilleschoten
1 Zimtstange
2 cl (20 g) Nussschnaps

1 Die Walnüsse etwa Mitte Juni, wenn sie grün sind und sich noch keine harte Schale gebildet hat, ernten. Die Nüsse waschen und rundum mehrmals mit einer Nadel einstechen. 7 Tage in kaltes Wasser einlegen und das Wasser zweimal täglich wechseln. Die Nüsse werden dabei schwarz.
2 Anschließend die schwarzen Nüsse in reichlich Wasser weich kochen, abseihen und ½ Stunde ausdampfen lassen.
3 600 g Zucker mit 1 l Wasser aufkochen, sämtliche Gewürze und die Nüsse beifügen und nochmals kurz aufkochen. Über Nacht durchziehen lassen.
4 Die Nüsse aus der Zuckerlösung nehmen und in sterile Einmachgläser füllen. Den Zuckersirup mit den restlichen 400 g Zucker aufkochen, abkühlen lassen und über die Nüsse gießen. Den Nussschnaps leicht erwärmen, anzünden und über die Nüsse verteilen, um sie so zu sterilisieren. Die Gläser gut verschlossen an einem dunklen Ort aufbewahren. Nach 1 Monat haben sie das optimale Aroma erreicht.

Zimtsicheln

Ergibt 20 Stück

Teig:
100 g gemahlene Mandeln
100 g Zucker
½ Teelöffel Zimtpulver
½ Eiweiß (20 g)

Glasur:
½ Eiweiß
50 g Puderzucker

1 Die gemahlenen Mandeln mit Zucker, Zimt und Eiweiß mischen und 8 mm dick ausrollen.
2 Für die Glasur das Eiweiß mit dem Puderzucker cremig aufschlagen und zu einer Glasur verrühren. Den Teig damit bestreichen und im Tiefkühler fest werden lassen.
3 Aus dem glasierten Teig mit einem runden Ausstecher (4 cm Durchmesser) Halbmonde ausstechen (so werden zu große Teigreste vermieden). Die Halbmonde auf ein mit Backpapier belegtes Blech setzen und antrocknen lassen. Bei 150 Grad 10 Minuten backen.

Zimt-Hippenröllchen

Ergibt 30 Röllchen

100 g weiche Butter
1 Teelöffel Zimtpulver
50 g Puderzucker
3 Eiweiß
1 Prise Salz
50 g Zucker
100 g Mehl

1 Den Backofen auf 180 Grad vorheizen.
2 Die Butter mit Zimt und Puderzucker schaumig schlagen.
3 Die Eiweiße mit einer Prise Salz steif schlagen. Dabei den Zucker einrieseln lassen. Den Eischnee abwechselnd mit dem Mehl unter die Buttermasse rühren.
4 Die Hippenmasse mit Hilfe einer rechteckigen Schablone von 5×10 cm gleichmäßig dünn auf ein mit Backpapier belegtes Blech streichen. Im vorgeheizten Ofen so lange backen, bis der Teig leicht Farbe angenommen hat. Herausnehmen und abkühlen lassen. Dann bei weiterhin 180 Grad fertig backen, bis die Rechtecke gleichmäßig goldbraun sind.
5 Die gebackenen Rechtecke rasch in noch heißem Zustand aufrollen. Auskühlen lassen und am besten luftdicht aufbewahren.

Zimt-Ganache-Stangen

Ergibt 40 Stück

200 g Vollmilch-Kuvertüre
100 g Zartbitter-Kuvertüre
120 ml Rahm
20 g Zucker
1 Teelöffel Zimtpulver

50 g weiße Schokolade
150 g Vollmilch-Glasur, flüssig

1 Die Kuvertüre grob zerkleinern und in einer Schüssel über einem heißen Wasserbad schmelzen. Den Rahm mit Zucker und Zimt aufkochen und unter die geschmolzene Kuvertüre rühren. Erkalten lassen.
2 Die erkaltete Creme mit dem Handrührgerät cremig rühren, in einen Spritzbeutel mit großer Lochtülle füllen und in länglichen Bahnen auf ein mit Backpapier belegtes Blech spritzen. 2 Stunden kalt stellen.
3 Die weiße Schokolade in einer Schüssel über einem heißen Wasserbad schmelzen und bereithalten.
4 Die Ganachestangen in etwa 3 cm lange Stücke schneiden, auf ein Kuchengitter setzen und mit flüssiger Vollmilch-Glasur überziehen. Abschließend mit flüssiger weißer Schokolade besprenkeln.

Zimtsterne

Ergibt 40 Stück

Teig:
350 g Mandeln, sehr fein gemahlen
2 Teelöffel Zimtpulver
2 Eiweiß
50 g Mehl
100 g Puderzucker

Glasur:
1 Eiweiß
200 g Puderzucker
1 Esslöffel Mehl

1 300 g gemahlene Mandeln mit dem Zimt mischen. Eiweiß, Mehl und Puderzucker hinzufügen und alles zu einem Teig verkneten. Den Teig 2 Stunden in den Kühlschrank legen.
2 Für die Glasur das Eiweiß steif schlagen. Den Puderzucker mit dem Mehl sieben und dabei nach und nach hinzufügen.
3 Den Teig zwischen zwei Lagen Klarsichtfolie etwa 1 cm dick ausrollen. Zwei Drittel der Glasur gleichmäßig dünn auf den Teig streichen und 30 Minuten im Tiefkühler oder Kühlschrank fest werden lassen.
4 Den Backofen auf 170 Grad vorheizen.
5 Aus dem glasierten Teig Zimtsterne ausstechen. Dabei den Ausstecher zwischendurch immer wieder in heißes Wasser tauchen. Die Teigsterne auf ein mit Backpapier belegtes Blech legen und im vorgeheizten Ofen 10–15 Minuten backen.
6 Die Teigreste mit den restlichen 50 g geriebenen Mandeln verkneten. Wieder ausrollen, mit der restlichen Glasur bestreichen und kühl stellen, dann Sterne ausstechen und backen.

Pikant-würzige Entdeckungen

Kürbissuppe mit Zimtcroûtons

500 g Hokkaidokürbis
1 Zwiebel, fein gewürfelt
40 g Ingwer, geschält, fein gewürfelt
1 Knoblauchzehe, fein gewürfelt
1 kleine Chilischote, entkernt, fein geschnitten
3–4 Esslöffel Olivenöl
1 Esslöffel Currypulver
800 ml Gemüsebrühe

Croûtons:
3 Scheiben Toastbrot
50 g Bratbutter
1 Teelöffel Zimtpulver
Salz, Pfeffer aus der Mühle

100 g halbsteif geschlagener Rahm
3–4 Esslöffel alter Balsamicoessig

1 Den Kürbis halbieren, entkernen und samt Schale würfeln.
2 Zwiebel, Ingwer, Knoblauch und Chili im Olivenöl andünsten. Die Kürbiswürfel hinzufügen, mit dem Curry bestäuben und kurz mitdünsten. Mit der Gemüsebrühe aufgießen und alles bei mittlerer Hitze 30 Minuten köcheln lassen.
3 In der Zwischenzeit das Toastbrot in Würfel schneiden und in der heißen Bratbutter goldbraun rösten. Dabei mit Zimt und Salz würzen. Die Croûtons auf Küchenpapier entfetten.
4 Die Kürbissuppe im Mixer fein pürieren, durch ein Sieb passieren und mit Salz und Pfeffer abschmecken. Kurz vor dem Servieren den Rahm unterheben, die Suppe anrichten und mit Croûtons bestreut servieren. Zuletzt mit etwas Balsamicoessig beträufeln.

Salat mit Zimtpflaumen und Camembert

150 g gemischte Blattsalate
4 Pflaumen
200 g Camembert
50 g Butter
1 Esslöffel Zucker
2 Teelöffel Zimtpulver
1 Teelöffel Tessiner Feigensenf
3 Esslöffel weißer Balsamicoessig
5 Esslöffel Haselnussöl
Salz, Pfeffer aus der Mühle

1 Die Salate putzen, waschen und trocken schleudern. Die Pflaumen halbieren, entsteinen und in Schnitze schneiden. Den Camembert in mundgerechte Stücke teilen.
2 Die Pflaumenschnitze in der zerlassenen Butter anbraten. Dabei mit dem Zucker bestreuen und diesen karamellisieren lassen. Die gebratenen Pflaumen mit 1 Teelöffel Zimt würzen und aus der Pfanne nehmen.
3 Den restlichen Zimt mit Senf, Essig und Öl verquirlen.
4 Die Blattsalate mit den Pflaumen und dem Camembert locker mischen und in der Vinaigrette wenden. Mit Salz und Pfeffer abschmecken und anrichten.

Zimt und die Pest oder: »Die Würze des Lebens«

Lachen ist ansteckend, Traurigkeit und Tränen wohl auch, Gähnen sowieso. Dass die Pest und viele andere Krankheiten ebenfalls ansteckend sind, wissen wir definitiv erst seit etwas mehr als hundert Jahren.
Die größte Seuche der Menschheit, die diese seit Tausenden von Jahren mit großer Regelmäßigkeit heimsuchte, lange Zeit ein »Spielball« wissenschaftlicher Dispute und Auseinandersetzungen, Kristallisationspunkt erbittert verfochtener Lehrmeinungen und religiösen Eifers, war für den einfachen Menschen wie ein apokalyptischer Spiegel aus dem ihm immer wieder nur eines entgegenblickte: der Tod.
Aber noch bevor das wichtigste Sinnesorgan das ganze Dilemma offensichtlich werden ließ, hatte der Geruch schon alles vorweggenommen. Die Pest stank. Wenn es ein durchgehendes Prinzip in den Auseinandersetzungen über Entstehung, Prophylaxe und Behandlung der Pest gab, dann waren es die schlechten Gerüche, die im Übrigen für fast alles Übel auf der Welt verantwortlich gemacht wurden, besonders aber für die Pest. Das ging so weit, dass sie eigentlich weniger als Krankheit denn als ein Geruch aufgefasst wurde: Gestank ist gleich Pest ist gleich Tod.
Zwar im Laufe der Zeit von unterschiedlicher Bedeutung, aber bis in die letzten Tage des 19. Jahrhunderts gegenwärtig waren die natürlichen Gegenspieler über die Jahrhunderte: wohlriechende Düfte. Die Pest erscheint damit als ein besonders günstiger Anzeiger für die tödlichen, vorbeugenden und heilenden Kräfte, die dem Geruch zugeschrieben wurden. Daran hat sich im übertragenen Sinn bis heute nichts geändert.
Was haben demzufolge Weihrauch und Myrrhe, Zimt und Nelke an sich, das sie zu solch mächtigen Werkzeugen gegen das Böse macht? Zunächst einmal das prägende Bild vom Gegenteil: »Die erste Ursache der Pest liegt in der Verdorbenheit der Luft; verbreitet werden kann sie auch durch den Atem der Kranken.« So das Schema, das sich seit hippokratischen Zeiten herausgebildet hat und hartnäckig hielt. Im antiken

Athen zündete man Scheiterhaufen aus wohlriechenden Hölzern und Blumen an, die mit ölhaltigen Duftstoffen übergossen waren, im Mittelalter wurden zunehmend die Gewürze das Hauptmittel gegen die »Verderbnis der Luft und des Körpers«. Vielleicht sind damit auch die ungeheuren Mengen zu erklären, mit denen zumindest die Reichen ihre Speisen würzten. Nur so schien gewährleistet, dass die »warme, trockene, feurige und unverderbliche Natur des Wohlgeruchs« und dessen heilsame Wirkungen adäquat aufgenommen wurden. Während der verheerenden Pest von 1348 empfiehlt das Kollegium der medizinischen Fakultät für den Sommer kalte Aromen wie Rosen, Sandelholz, Seerosen, Essig, Rosenwasser und kalte Äpfel. Im Winter seien warme Aromen wie Aloehölzer, Ambra-Äpfel, Muskatnuss und besonders Kaneel, also Zimt besser geeignet.

Verfechter dieser Aromatherapie wie der ansonsten »wissenschaftlich« arbeitende Arzt Fracastoro aus dem 16. Jahrhundert bescheinigten dieser Vorgehensweise ein »Erwecken der Lebensgeister« aufgrund der »stofflichen Antipathie«, die zwischen aromatischen Substanzen und möglichen Krankheitskeimen – er vermutete als einer der Ersten, dass es solche gäbe – herrsche. Sein einziger Vorbehalt gegenüber diesen Mitteln betraf nicht ihre Wirksamkeit, sondern ihren Preis.

Damit schließt sich der Kreis in der Bedeutung der Gewürze und teuren Aromata aus dem Morgenland hinsichtlich ihrer sozialen Zuordnung: Ambra, Moschus, Aloe, Muskatnuss und Zimt waren den Wohlhabenden und Mächtigen vorbehalten. Wer in bescheideneren Verhältnissen lebte, musste sich mit Storax (Balsam einer Heilpflanze), Mastix, Lorbeer und Majoran zufrieden geben. Dem Armen, der sich all dies weder im Sommer noch im Winter leisten konnte, blieb nur, »zum gütigen Gott zu beten, dass er ihn in Zeiten der Krankheit und der Unruhen wohl behüte«. Hat allerdings nicht ganz so gut geklappt: In den Jahren der oben erwähnten großen Pestepidemie starb etwa ein Viertel der europäischen Bevölkerung.

Gebratene Entenbrust in Zimtmarinade

4 Esslöffel Honig
100 ml Sojasauce
100 ml Sake (japanischer Reiswein)
50 g eingelegter Ingwer, in feine Streifen geschnitten
1 Esslöffel Zimtpulver
4 Entenbrüste mit Haut
2–3 Esslöffel Sesamöl

100 g Romanasalat, geputzt, gewaschen, trocken geschleudert
2 rote Zwiebeln, in feine Streifen geschnitten
Saft von 1 Zitrone

1 Für die Marinade Honig, Sojasauce, Sake, Ingwer und Zimt verrühren. Die Entenbrüste auf der Hautseite kreuzförmig einschneiden und mit der Marinade übergießen. Zugedeckt 4-6 Stunden marinieren, dabei das Fleisch einmal umdrehen.

2 Den Backofengrill vorheizen. Die marinierten Entenbrüste aus der Marinade nehmen, trocken tupfen und im heißen Sesamöl auf der Hautseite scharf anbraten. Das Fleisch wenden, die Marinade dazugießen und alles für etwa 15 Minuten in den Ofen schieben. Dabei das Fleisch öfter mit der Marinade bestreichen.

3 Die Entenbrüste aus dem Ofen nehmen, etwas ruhen lassen, dann das Fleisch in Stücke schneiden und mit dem Salat und den Zwiebeln anrichten. Die verbliebene Marinade mit dem Zitronensaft verquirlen und über Fleisch und Salat träufeln.

Kastanien-Zimt-Cannelloni in Apfel-Calvados-Sauce

Für 6 Personen

Teig:
200 g Mehl
7–8 Eigelb (150 g)
1 Prise Salz
1 Teelöffel Wasser
1 Teelöffel Olivenöl

Füllung:
300 g Kastanien, geröstet
300 g Kalbfleischfarce (Kalbsbrät)
Salz, Muskat, gemahlener Zimt

200 ml Geflügelfond zum Pochieren

Sauce:
100 ml Weißwein
50 ml Noilly Prat (trockener Wermut)
200 ml Geflügelfond
300 ml Rahm
4 cl Calvados
1 Esslöffel Rahm, geschlagen
Salz, Pfeffer aus der Mühle

1 Alle Teigzutaten rasch zu einem glatten Teig verarbeiten. 30 Minuten in Klarsichtfolie gewickelt ruhen lassen.
2 Den Nudelteig dünn ausrollen und 18 Quadrate von 12 × 12 cm Größe schneiden. Die Teigplatten in sprudelnd kochendem Salzwasser al dente kochen. Mit dem Schaumlöffel herausheben und in Eiswasser abschrecken. Auf einem Küchentuch abtropfen lassen.
3 Werden für die Füllung frische Kastanien verwendet, diese kreuzweise einschneiden und im Backofen bei 175 Grad je nach Sorte und Größe 30–45 Minuten rösten. Die gerösteten Kastanien schälen, kurz abkühlen lassen und grob hacken. Unter die Kalbsfarce mischen. Mit Salz, Muskat und Zimt würzen.
4 Jedes Teigblatt mit Füllung belegen und aufrollen. Die Cannelloni in eine feuerfeste Form legen. Mit Geflügelfond übergießen und im 180 Grad heißen Ofen bei Umluft 4–5 Minuten backen. Die Cannelloni umdrehen und weitere 4–5 Minuten backen. Bei Druck mit dem Finger sollten sie fest sein. Aus dem Ofen nehmen und warm halten.
5 Inzwischen für die Sauce Weißwein, Noilly Prat und Geflügelfond auf 50 ml einkochen. Mit dem Rahm aufgießen und alles auf 300 ml einkochen. Mit Salz und Pfeffer würzen, mit dem Calvados parfümieren und zuletzt mit dem geschlagenen Rahm verfeinern.
6 Die Cannelloni auf vorgewärmte Teller setzen, mit der Calvados-Sauce überziehen und nach Belieben mit Apfelperlen garnieren.

Tipp:
Für die Apfelperlen aus geschälten Äpfeln mit einem Pariserlöffel Kugeln ausstechen. Mit 1 Esslöffel Zucker, 30 g Butter und 100 ml Weißwein zugedeckt kurz aufkochen, dann den Deckel abheben und die Apfelperlen im Fond glasieren.

Rote-Bete-Zimtkaltschale mit Jakobsmuscheln

500 g rote Beten (Randen), gewaschen
Salz, Kümmel, Rotweinessig
1 kleine Zwiebel, fein gehackt
20 g Butter
100 ml Weißwein
100 ml weißer Portwein
200 ml Geflügelfond
1 Zimtstange
Salz, Pfeffer, Muskatnuss
200 ml Rahm
200 ml Joghurt

6 große Jakobsmuscheln, bereits ausgelöst, gründlich gesäubert
Salz, Pfeffer aus der Mühle
Mehl zum Bestäuben
1 Esslöffel Bratbutter

1 Die roten Beten mit Wasser bedeckt zusammen mit Salz, Kümmel und Rotweinessig weich kochen. Abschütten, schälen und in kleine Würfel schneiden. Etwa 100 g davon für die Garnitur beiseite stellen.
2 Die restlichen Rote-Bete-Würfel mit der fein gehackten Zwiebel in der Butter kurz andünsten, mit Weißwein und Portwein ablöschen und mit dem Geflügelfond auffüllen. Die Zimtstange beigeben und mit Salz, Pfeffer und Muskatnuss würzen. Auf die Hälfte einkochen lassen. Dann mit dem Rahm auffüllen und aufkochen. Die Zimtstange entfernen, die Suppe fein mixen, durch ein Sieb passieren und gut abkühlen lassen. Mit dem Joghurt verfeinern.
3 Die Jakobsmuscheln halbieren, mit Salz und Pfeffer würzen, mit Mehl leicht bestäuben und in der heißen Bratbutter kurz anbraten.
4 Die Kaltschale anrichten, mit den Rote-Bete-Würfeln bestreuen und die gebratenen Jakobsmuscheln daraufsetzen.

Tipp:
Zur Suppe passen Grissini mit Parmaschinken oder Käsestangen aus Blätterteig.

Zimt als Heilmittel

Der unwiderstehliche Duft der Zimtrinde mag die ersten Entdecker zu allem Möglichen inspiriert haben – sie als Heilmittel zu verwenden war wohl nicht der erste Gedanke. Die meiste Medizin schmeckte auch damals schon nicht gut. Die Schamanen jener Zeit festigten mit diesem Wissen ihre wohl auch deshalb selten in Frage gestellte Machtposition, sie hatten es schließlich mit kaum bezwingbaren Gegnern zu tun: allem Übel und der Zukunft. Beidem war nur mit »Drastika« beizukommen.
Doch der Geruch von Zimt war eher überirdisch gut. Deshalb lieber erst einmal in die Küche damit oder ins Wohnzimmer oder an das stille Örtchen. Gestank war damals zwar eine Selbstverständlichkeit – und doch: warum nicht einmal etwas anderes ausprobieren? Es dürften wohl Frauen gewesen sein, die zum ersten Mal das Bedürfnis verspürten, sich mit anderen Düften zu umgeben, jenem von Zimtöl zum Beispiel.
Kultur, Hygiene, Kosmetik, Wohlbefinden, Gesundheit – da war der Schritt zur Medizin nicht mehr weit. Und er wurde getan. Wann, wissen wir nicht genau. Eine neue Zeit. Die erste Stufe der Gesundheitsreform. Zimtrinde wurde gerieben, gedämpft, entzündet, gekocht, gequetscht und ausgepresst. Der Mensch probierte sie in allen erdenklichen Formen. Viele Fehlschläge und wohl auch einige, allerdings wohlriechende Leichen pflasterten ihren Weg als Heilmittel, bis sich endlich zeigte, wozu sie wirklich fähig war. Vergangenheit? Mitnichten! Aktuellste Gegenwart.
Doch der Reihe nach. Beginnen wir die Zeitreise etwa 1500 Jahre, nachdem Zimt vermutlich zum ersten Mal den Weg der Menschheit kreuzte, also etwa um das Jahr 2500 vor unserer Zeitrechnung. Vor 4500 Jahren wurde Zimt jedenfalls aktenkundig. Das war in Südchina, und wer die Chinesen kennt, vermutet zu Recht, dass es darin um zwei Dinge ging: Essen und Heilkunde. Ob es bei Letzterem die immer schon lästigen Halsschmerzen waren oder die ersten frühen Blähungen, vermag ich nicht zu sagen. Die Aufzeichnungen sind kaum zu entziffern. Besser lesbare Quellen hinterließen uns die alten Ägypter, die unter anderem Zimt zum Einbalsamieren der Verstorbenen verwendeten. Für Heilzwecke ein wenig spät, mag mancher süffisant anmerken, aber wir befinden uns auf der richtigen Spur – auch für die Lebenden. Denn man nutzte für die einen wie die anderen die heute bekannten entzündungshemmenden und bakteriziden Eigenschaften des Gewürzes, die Fähigkeit eben, zahlreiche Erreger abzutöten.
Das führt uns zu den bereits erwähnten Halsschmerzen, die durch Zimttee oder -öl zu lindern sind. Auch Husten und Schnupfen sind dann meist nicht weit, und auch dagegen hilft Zimt. Obwohl all diese Symptome bekanntlich meist durch Viren hervorgerufen werden, dürfte Zimt selbst hier nützlich sein. Einmal im Mund und dann noch gründlich durchgekaut, soll Zimtpulver ganz nebenbei auch wunderbar gegen

Nervenleiden und Depressionen helfen. Von der abschwellenden Wirkung auf entzündete Nebenhöhlen und Nasenschleimhäute gar nicht weiter zu reden. Wir wissen zwar nicht, ob zu biblischen Zeiten bereits die kreislaufanregende Wirkung von Zimt bekannt war, aber es ist zu vermuten.

Hippokrates, der berühmte Arzt des griechischen Altertums, ist systematischer vorgegangen und kam so dazu, auch weiter unten am Körper die wohltuenden Eigenschaften von Zimt zu erproben. Er empfahl seinen regelmäßigen Einsatz als Magentonikum. Auch Verdauungsstörungen im Darm lassen sich durch Zimt beseitigen.

Ein altes chinesisches Rezept empfiehlt hierzu, 30 Gramm Zimt mit etwas Nelkenpulver zu vermischen und täglich etwa ein Gramm davon in Wasser aufgelöst zu trinken.

Spätestens seit dem Mittelalter ist nicht nur in der Volksmedizin ein weiteres Anwendungsgebiet bekannt: Mädchen und Frauen können mit Zimt dafür sorgen, dass die Menstruation weniger stark und schmerzhaft ist, indem sie eine Woche vor und während der Regelblutung reichlich davon zu sich nehmen. Heute wohl am angenehmsten als Zimtzucker auf Joghurt, Dickmilch oder Müsli, einem Bratapfel oder in Form einer guten Prise in heißen Getränken. An das gewisse Etwas beim Tee und Kaffee kann man sich ohnehin sehr gut gewöhnen.

Äußerlich lässt sich Zimt ebenfalls anwenden: in warmen Wickeln vermag er Gelenkentzündungen, Sportverletzungen und rheumatische Beschwerden zu lindern.

All diese wohltuenden Eigenschaften werden von einer erst kürzlich gemachten medizinischen Entdeckung übertroffen, die man getrost als sensationell bewerten kann: Zimt vermag den erhöhten Blutzuckerspiegel bei Typ-2-Diabetikern zu senken. Keine nebulöse Meldung aus der zu Unrecht oft verunglimpften Naturheilmedizin, sondern wissenschaftlich belegt. Studienergebnisse am Beltsville Human Nutrition Research Center konnten zeigen, dass bei regelmäßiger Zimteinnahme die Blutzuckerkonzentration um 18 bis 29 Prozent abnahm.

Verantwortlich hierfür ist der sekundäre Pflanzenstoff MHCP (Methyl-Hydroxy-Chalcone-Polymer), der insulinähnliche Eigenschaften aufzuweisen scheint. Auch der LDL-Cholesterinspiegel, also das »schlechte« Cholesterin, ließ sich mit Zimt um 7 bis 27 Prozent senken, der Triglyceridspiegel gar um 23 bis 30 Prozent. Nach Absetzen der Zimteinnahme stiegen die Werte wieder an.

Da die positiven Wirkungen bereits bei einem Gramm Zimt täglich (dies entspricht etwa einem Teelöffel) nachzuweisen waren, könnten vielleicht sogar »Zimtverächter« – die soll es tatsächlich geben – einen Versuch wagen. Notfalls tun es auch Zimtextrakt-Kapseln.

Doch warum sollte man auf eine wohlschmeckende Medizin verzichten, wenn es sie schon einmal gibt?

Gebratene Wachtelbrüste mit Aprikosen-Birnen-Chutney

Chutney:
400 g Williamsbirnen, geschält, entkernt, in Würfel geschnitten
1 Teelöffel Salz
200 g getrocknete Aprikosen, in Würfel geschnitten
150 g brauner Zucker
50 ml Obstessig
1 Knoblauchzehe, fein gehackt
Cayennepfeffer
2 Zimtstangen
2 Esslöffel Wasser

12 Wachtelbrüste
Salz, Pfeffer aus der Mühle
Mehl zum Bestäuben
Bratbutter

1 Das Chutney mindestens 2 Wochen vorher zubereiten.

2 Die Birnenwürfel mit dem Salz mischen und 2–3 Stunden ziehen lassen. Alle übrigen Zutaten in einen Topf geben und leicht köcheln lassen. Nach 20 Minuten die Birnenwürfel beifügen und nochmals 20–30 Minuten unter Rühren zur gewünschten sirupartigen Konsistenz köcheln.

3 Die Wachtelbrüste würzen und mit etwas Mehl bestäuben. In der heißen Bratbutter insgesamt 4–5 Minuten auf beiden Seiten braten. Mit dem Chutney und etwas Feldsalat als Vorspeise oder mit Couscous als Hauptspeise servieren.

Seeteufel-Zimtspieß auf Lauchrisotto

Für 6 Personen

12 Seeteufelmedaillons à 50 g
6 Zimtstangen, je 20 cm lang
Salz, Pfeffer aus der Mühle
Mehl zum Bestäuben
30 g Bratbutter

Lauchrisotto:
400 g Lauch, geputzt, in feine Streifen geschnitten
30 g Butter
1 kleine Zwiebel, fein gehackt
30 g Butter
200 g Risottoreis (Carnaroli)
1 Knoblauchzehe, fein gehackt
150 ml Weißwein
700 ml Geflügelfond
40 g Parmesan, gerieben
Salz

1 In die Seeteufelmedaillons mit einem dünnen, spitzen Messer in der Mitte jeweils einen kleinen Schnitt machen. Je 2 Medaillons auf eine Zimtstange stecken.
2 Für den Risotto den Lauch in der Butter andünsten. Mit Salz und Pfeffer würzen und beiseite stellen.
3 Die Zwiebel in der zweiten Portion Butter anschwitzen, Reis und Knoblauch dazugeben. Kurz umrühren, mit Salz würzen und mit dem Weißwein ablöschen. Unter Rühren 15–20 Minuten köcheln lassen, bis die Flüssigkeit auf die Hälfte reduziert ist, nach und nach den heißen Geflügelfond hinzugießen. Kurz vor der Fertigstellung den Lauch dazugeben und den Parmesan darunterrühren. Etwas ruhen lassen; der Risotto dickt so noch etwas ein und wird cremiger.
4 Kurz vor dem Anrichten die Seeteufel-Zimtspieße mit Salz und Pfeffer würzen, leicht mit Mehl bestäuben und in der heißen Bratbutter bei mittlerer Hitze auf jeder Seite etwa 2 Minuten braten. Auf dem Risotto anrichten.

Geschmorte Kaninchenkeule mit Zimt und Apfelwein

Für 6 Personen

6 Kaninchenkeulen ohne Mittelknochen, hohl ausgelöst (vom Metzger besorgen lassen)
6 Zimtstangen
Salz, Pfeffer aus der Mühle
40 g Bratbutter
100 g Zwiebeln, gehackt
1 Knoblauchzehe, gehackt
100 g Karotten, fein gewürfelt
50 g Sellerie, geschält, fein gewürfelt
¾ l Apfelwein
1 Dose (200 g) geschälte Tomaten, gemixt, durchpassiert
etwas Kartoffelstärke, mit Weißwein angerührt, zum Binden
1 Esslöffel gehackte Petersilie

1 Die Zimtstangen dort, wo der Knochen war, in die Kaninchenkeulen stecken. Die Keulen mit Salz und Pfeffer würzen. In einer Sauteuse in der heißen Bratbutter auf allen Seiten anbraten, herausnehmen und beiseite stellen.
2 In derselben Pfanne die Zwiebeln andünsten, Knoblauch, Karotten und Sellerie beifügen und mit dem Apfelwein ablöschen. Die Kaninchenkeulen in den Fond zurückgeben, diesen aufkochen und die durchpassierten Tomaten hinzufügen. Zugedeckt rund 90 Minuten bei mäßiger Hitze schmoren lassen.
3 Sobald die Keulen weich gegart sind, die angerührte Stärke nach und nach zur Sauce geben und diese bis zur gewünschten Konsistenz binden. Mit der Petersilie verfeinern. Als Beilage passen Fettucini, Polenta oder Risotto.

Pouletbrust-Zimtspieß mit Ananas-Chutney

Ananas-Chutney:
1 reife Ananas
4 Esslöffel Zucker
1 rote Chilischote, entkernt, in feine Streifen geschnitten
50 g Ingwer, geschält, fein gerieben
4 Esslöffel Weißweinessig
150 ml Ananassaft
2 Teelöffel Speisestärke
Saft von 1 Zitrone
Salz, Pfeffer aus der Mühle

50 g Honig
1 Esslöffel Senf
3 Esslöffel Olivenöl
1 Teelöffel Zimtpulver
3 Pouletbrüste, in Stücke geschnitten
8 möglichst lange Zimtstangen
8 Kirschtomaten
2 Basilikumzweige

1 Die Ananas schälen, vierteln, den Strunk herausschneiden und das Fruchtfleisch in Würfel schneiden.
2 Den Zucker in einem Topf leicht karamellisieren lassen, die Ananaswürfel, Chili und Ingwer hinzufügen und kurz andünsten. Mit dem Essig ablöschen, den Ananassaft dazugießen und 2–3 Minuten einkochen lassen. Die Speisestärke mit dem Zitronensaft verrühren und das Chutney damit leicht binden. Mit Salz und Pfeffer abschmecken.
3 Den Honig mit Senf, Öl und Zimt verrühren. Die Pouletstücke mit der Honig-Zimt-Marinade rundum bestreichen und mit Salz und Pfeffer würzen.
4 Die Zimtstangen mit einer Schere an einem Ende spitz zuschneiden. Die marinierten Pouletstücke abwechselnd mit den Kirschtomaten auf die Zimtstangen spießen und in einer trocken erhitzten Pfanne auf jeder Seite etwa 4 Minuten braten.
5 Die Basilikumblätter in Streifen schneiden und unter das Chutney mischen. Die Pouletspieße mit dem Chutney anrichten.

Allerlei Zimt – vom »Nervenkeks« zum Vitalstoff

Wenn Zimtstangen von früher erzählen könnten ... Ob als Hilfsmittel zur Demütigung von Kaisern und Königen wie im Machtkampf Fugger contra Karl V., ob als Heilmittel bei nachlassender Spannkraft und Verdauungsstörungen oder im »Nervenkeks« der Hildegard von Bingen, ob als Erotikartikel oder Auslöser der ersten Weltwirtschaftskrise – Zimt hat schon so einiges erlebt.

Sogar die Sprache bediente sich seiner bis in ihre »Niederungen«: In der Gaunersprache des Rotwelschen stand das Wort Zimt für Gold. Da Gold aber häufig durch minderwertige Beimengungen gefälscht wurde, sagte man: »Mach keinen Zimt«, wenn man jemanden als Fälscher bloßstellen wollte.

Heute ist es um das Tropengewürz ruhiger geworden. Erobert, betrogen und »nachgeholfen« wird noch immer, doch im Leben des modernen Menschen sind die Nischen für Zimt unspektakulärer: Essen und Trinken, Wellness und Gesundheit. Keine krachenden Musketen mehr, aber dennoch, spätestens auf den zweiten Blick nicht ganz unwichtige Dinge.

In Indien und dem heutigen Sri Lanka hat man jene Bedeutung bereits sehr früh erkannt und nie aus den Augen verloren. Schon lange bevor die abendländischen Ärzte und Feinschmecker »auf den Zimt« gekommen sind, war er in Südasien unverzichtbarer und selbstverständlicher Bestandteil des täglichen Lebens. Und dies nicht nur als Gewürz von Speisen und Getränken.

Eindrucksvolles Beispiel: Ayurveda. Diese jahrtausendealte Gesundheitslehre bedeutet übersetzt »Wissen vom Leben« und weist uns damit den Weg hin zu einer Heilkunde, die in unseren Breiten erst nach und nach an Bedeutung gewinnt und bisher gängige Vorstellungen zumindest hinterfragt. Krankheiten werden danach als Ausdruck einer gestörten Harmonie von Körper, Geist und Seele angesehen. Aufgabe der ayurvedischen Medizin ist es, das Gleichgewicht dieser drei Ebenen wieder herzustellen, das Innere mit dem Äußeren in Einklang zu bringen. Behandelt wird mit Meditation, Entspannung und innerer Reinigung sowie ausschließlich natürlichen Heilmitteln. Zimt ist eines davon. Ziel der Therapie ist die Aktivierung der Selbstheilungskräfte des Körpers, ein besserer Stoffwechsel und mittelfristig die Orientierung an einer natürlicheren Lebensweise.

Zyniker mögen sogleich anmerken, dass dies vielleicht dem eremitischen Bewohner eines zwanzig Meter hohen Zimtbaumes gelingen mag, nicht aber hier in unserer belasteten Umwelt, bei süßem und fettem Essen und täglich fließendem Alkohol. Da ist natürlich etwas Wahres dran, letztlich hat es aber jeder Einzelne weitgehend selbst in der Hand, was er aus sich macht und machen lässt.

Statt Hilfe zur Selbsthilfe hier der Vorschlag: Fangen Sie doch einfach mit Zimt an. Schon die Altvorderen wussten von den therapeutischen Eigenschaften der Aroma- und Wirkstoffe von Zimt (siehe auch Seite 94), ohne sie erklären zu können. Ein bisschen weiter sind wir inzwischen gekommen: Zimtaldehyd, Cumarin, MHCP, Eugenol, Thymol, Gerbstoffe heißen die bis jetzt bekannten wirksamen Inhaltstoffe und klären fürs Erste das Was. Auch beim Wie gibt es schon überzeugende Ergebnisse, aber bei weitem noch nicht alles wird verstanden.

Deshalb der beste Rat: Einfach einmal ausprobieren!

Fangen Sie mit wenig an:

- Zimtöl mit Mandelöl bei Muskelkater
- brauner Zucker, mit Zimt gemischt, zum Einreiben bei kalten Füßen
- geriebener Apfel und Zimt bei Durchfall
- Zimtcreme für die reife Haut mit nachlassender Spannkraft

Steigern Sie »die Dosis« mit:

- Zimttee bei Magen-Darm-Beschwerden
- Zimttee oder Zimt-Räucherstäbchen bei Erschöpfungszuständen
- Zimtessenzen zur Wundreinigung
- Einatmen von Zimtöl zur Anregung und Stimulation nicht nur des Immunsystems
- Zimtpulver oder -tee zur Senkung des erhöhten Blutzuckerspiegels,
- zur Milderung von Menstruationsbeschwerden
- zur Fiebersenkung
- zur Förderung der Gedächtnisleistung

Hoppla, jetzt fehlen nur noch die berüchtigten »Zimtlatschen«. Diese Mischung aus Fußreflexzonenmassage und Aromatherapie ist schon wieder »in«, bevor sie jemals wirklich »out« war.

Und es wirkt!

Spanferkelkoteletts in Bier-Zimt-Sauce mit Schupfnudeln

Für 6 Personen

Schupfnudeln:
500 g mehlige Kartoffeln
150 g Mehl
1 Eigelb
Muskatnuss
Salz

Sauce:
400 ml dunkles Bier
100 ml Madeira
½ l Kalbsjus
etwas Kartoffelstärke, mit Rotwein angerührt, zum Binden
40 ml Zimtsirup (siehe Weintraubenstrudel, Seite 50)

18 Spanferkelkoteletts vom Metzger parieren lassen
Salz, Pfeffer aus der Mühle
40 g Bratbutter

1 Für die Schupfnudeln die Kartoffeln kochen, schälen, heiß pressen und auskühlen lassen. Mit den restlichen Zutaten rasch zu einem Teig kneten. Aus dem Teig 5 cm lange, fingerdicke Nudeln formen, die an den Enden spitz zulaufen. Die Schupfnudeln in reichlich kochendes Salzwasser geben. Sobald sie an die Oberfläche steigen, mit einem Schaumlöffel herausheben und in Eiswasser abschrecken. Gut abtropfen lassen und leicht mit Erdnussöl mischen, damit sie nicht zusammenkleben.

2 Für die Sauce das Bier und den Madeira auf 100 ml einköcheln lassen. Den Kalbsjus dazugeben und wiederum auf 400 ml einkochen. Die angerührte Stärke nach und nach beigeben und bis zur gewünschten Konsistenz binden. Mit Salz und Pfeffer würzen und zum Schluss mit dem Zimtsirup abschmecken.

3 Die Spanferkelkoteletts mit Salz und Pfeffer würzen. In der heißen Bratbutter auf jeder Seite etwa 3 Minuten braten. Die Schupfnudeln kurz in heißer Bratbutter schwenken, salzen und zusammen mit den Koteletts anrichten.

Kaninchen im Parmaschinkenmantel mit Kichererbsencreme

Kichererbsencreme:
150 g Kichererbsen
1 mittelgroße Zwiebel, fein gehackt
20 g Butter
1 Knoblauchzehe, gehackt
100 ml Weißwein
600 ml Geflügelfond
2 Zimtstangen
Salz, Pfeffer aus der Mühle
200 ml Rahm
3 Esslöffel geschlagener Rahm

6 Kaninchenfilets, pariert
Salz, Pfeffer aus der Mühle
6 Scheiben Parmaschinken
Bratbutter

2 Esslöffel Kürbiskernöl

1 Die Kichererbsen über Nacht in kaltem Wasser einweichen. Abschütten und gut abspülen.

2 Die Zwiebel in der Butter andünsten, den Knoblauch beifügen und mit dem Weißwein ablöschen. Die Kichererbsen dazugeben und mit dem Geflügelfond auffüllen. Die Zimtstangen beifügen und mit Salz und Pfeffer würzen. Die Kichererbsen in 30–45 Minuten weich kochen. Anschließend die Zimtstangen entfernen, die Kichererbsen mixen, durch ein Sieb passieren und zurück in den Topf geben. Mit dem flüssigen Rahm verfeinern.

3 Die Kaninchenfilets würzen und jeweils in eine Scheibe Parmaschinken wickeln. In der heißen Bratbutter insgesamt 4–5 Minuten auf allen Seiten anbraten und warm stellen.

4 Die Kichererbsensuppe mit dem geschlagenen Rahm verfeinern und in vorgewärmte Suppenteller anrichten. Die Kaninchenfilets in 2 cm dicke Scheiben schneiden, darauflegen und mit dem Kürbiskernöl beträufeln.

Gegrilltes Lammfilet mit Zimt-Couscous

250 g Instant-Couscous
300 ml Wasser
1 rote Zwiebel, gewürfelt
4 Esslöffel Olivenöl
3–4 Esslöffel weißer Balsamicoessig
100 g Fetakäse, zerbröckelt
50 g Pinienkerne, trocken geröstet
1 Esslöffel Zimtpulver
2 Esslöffel frisch gehackte Minze
Salz, Pfeffer aus der Mühle

2 Fleischtomaten, in 2 cm dicke Scheiben geschnitten
3 Esslöffel Olivenöl
Salz, Pfeffer aus der Mühle
1 Esslöffel Zucker

8 Lammfilets
3 Esslöffel Olivenöl
1 Knoblauchzehe, durchgepresst
Salz, Pfeffer aus der Mühle
½ Esslöffel Zimtpulver

1 Den Couscous mit dem kochenden Salzwasser übergießen und etwa 5 Minuten quellen lassen.

2 Die Zwiebel im heißen Olivenöl andünsten. Mit dem Essig ablöschen, etwas einkochen lassen, zum gequollenen Couscous geben und daruntermischen. Den Fetakäse mit den Pinienkernen, 1 Esslöffel Zimt und der gehackten Minze unter den Couscous heben. Nochmals mit Salz und Pfeffer abschmecken.

3 Die Tomatenscheiben mit dem Öl beträufeln und mit Salz, Pfeffer und Zucker würzen.

4 Die Lammfilets mit dem Öl und dem Knoblauch einreiben, mit Salz, Pfeffer und Zimt würzen.

5 Lammfleisch und Tomatenscheiben auf den heißen Grill oder in eine Grillpfanne legen und auf beiden Seiten jeweils rund 3 Minuten braten. Die gegrillten Tomaten mit dem Couscous anrichten. Die Lammfilets in Stücke schneiden und dazulegen.

Rehmedaillons in Haselnuss-Zimt-Kruste

Zimtkruste:
125 g Butter
50 g Haselnusspaste (aus Reformhaus, Delikatessengeschäft oder vom Bäcker)
25 g Honig
60 g gemahlene Haselnüsse
65 g Weißbrotbrösel
1 Esslöffel Zimtpulver

Trüffeljus:
100 ml roter Portwein
50 ml Madeira
200 ml Kalbsjus
50 ml Trüffeljus
etwas Kartoffelstärke, mit Rotwein angerührt, zum Binden
20 g schwarzer Trüffel, fein gewürfelt
Salz, Pfeffer aus der Mühle

12 Rehmedaillons à 60 g
Salz, Pfeffer aus der Mühle
Bratbutter

1 Für die Krustenmasse die Butter schaumig schlagen. Haselnusspaste, Honig und Zimt daruntermischen und zum Schluss die gemahlenen Haselnüsse mit den Weißbrotbröseln unterrühren. Die Masse in einem Streifen auf Butterbrotpapier geben und mit Hilfe des Papiers zu einer Rolle formen. Gut einwickeln und 1–2 Stunden kühl stellen.
2 Für den Trüffeljus Portwein und Madeira auf 50 ml einkochen. Mit dem Kalbsjus auffüllen und nochmals auf 200 ml reduzieren. Den Trüffeljus hinzufügen. Die angerührte Stärke nach und nach beigeben und bis zur gewünschten Konsistenz binden. Mit Salz und Pfeffer abschmecken und mit der Trüffel verfeinern.
3 Die Rehmedaillons würzen und in der heißen Bratbutter 4–5 Minuten auf beiden Seiten braten. Die Krustenmasse in 5 mm dünne Scheiben schneiden, auf die Rehmedaillons legen und unter dem heißen Backofengrill etwa 5 Minuten gratinieren.
4 Dazu passt Kartoffelpüree.

Panierte Rehschnitzel mit Sellerie-Birnen-Salat

1 kleine Sellerieknolle, geschält
3 Scheiben Toastbrot
1 Esslöffel Zimtpulver
100 g gemahlene Haselnüsse
400 g Rehrückenfilet, ohne Haut und Sehnen
Salz, Pfeffer aus der Mühle
50 g Mehl
2 Eier, verquirlt
2 Birnen
50 g Butter
2 Zimtstangen
1 Esslöffel Zucker
50 g Mayonnaise
100 g Sauerrahm
Saft von 1 Zitrone
80 g Bratbutter

1 Den Sellerie in dünne Scheiben und diese in Streifen schneiden. Die Selleriestreifen kurz in kochendem Salzwasser blanchieren, danach in kaltem Wasser abschrecken.
2 Das Toastbrot würfeln und mit dem Zimt in der Küchenmaschine oder im Cutter fein mahlen. Die gemahlenen Haselnüsse daruntermischen.
3 Das Rehrückenfilet in 8 Medaillons schneiden und diese zwischen zwei Lagen Klarsichtfolie dünn klopfen. Die Rehschnitzel mit Salz, Pfeffer würzen, im Mehl wenden, dann durch das verquirlte Ei ziehen und mit der Zimt-Nuss-Mischung panieren.
4 Die Birnen halbieren, entkernen und das Fruchtfleisch in Schnitze schneiden. Die Birnenschnitze in der zerlassenen Butter zusammen mit Zimtstangen anbraten. Dabei mit Zucker bestreuen und diesen leicht karamellisieren lassen.
5 Die Selleriestreifen mit Mayonnaise, Sauerrahm und Zitronensaft vermischen. Die gebratenen Birnenschnitze unterheben. Mit Salz und Pfeffer abschmecken.
6 Die Rehschnitzel in der heißen Bratbutter auf beiden Seiten bei mittlerer Hitze goldbraun ausbacken. Auf Küchenpapier entfetten und mit dem Sellerie-Birnen-Salat anrichten.

Autoren

Wolfgang Hübner
geboren 1953, pendelt seit 30 Jahren zwischen den beiden Welten der Medizin als Arzt und der guten Küche als Gourmet und Autor. Der geografische Lebensmittelpunkt wechselte des öfteren, doch der Rhein war immer nahe, nicht zuletzt der befreundeten Familie Haeberlin aus der »Auberge de l'Ill« im benachbarten Elsass wegen. Schon früh begann er über Essen, Trinken und Ernährung zu schreiben und publizierte über Jahre Beiträge in Zeitungen und Zeitschriften, daneben verschiedene Bücher.

Klaus Ditz
geboren 1962 in Graz, Steiermark. Eidg. dipl. Küchenchef. Nach der Kochlehre verschiedene Stationen, u.a. in den Basler Sterne-Restaurants Les Quatre Saisons bei Peter Moser, im Restaurant Bruderholz bei Hans Stucki und im Restaurant Teufelhof bei Michael Baader. Seit Mai 2000 führt er sein eigenes Restaurant Hugenhof in Simonswald im Südschwarzwald.

Andreas Neubauer
geboren 1972 in Seligenstadt bei Frankfurt am Main. Wirkt seit 1990 als »Küchennomade« mit immer wiederkehrenden, teils auch längeren Aufenthalten in einigen hoch dekorierten Restaurants, u. a. »Schweizer Stuben« in Wertheim, »El Bulli« bei Ferran Adrià und »Le Val d'Or« auf der Stromburg bei Johann Lafer.

Fotograf

Michael Wissing (BFF)
geboren 1956, Ausbildung zum Fotografen und Schriftsetzer. Seit 1983 selbständig als Still-Life-Fotograf mit eigenem Studio in Waldkirch im Schwarzwald. Arbeitet für die renommiertesten internationalen Magazine und in der Werbung für viele Agenturen und Firmen. Fotografierte zahlreiche Bücher, insbesondere Kochbücher. Gewinner mehrerer internationaler Preise und Auszeichnungen.

Rezeptverzeichnis

Süße Gerichte

Pikante Gerichte

Bücher aus dem AT Verlag

Oliver Brachat
Cupcakes
50 neue Rezeptideen

Leila Lindholm
Backen mit Leila
Meine Lieblingsrezepte für Brot, Kuchen, Torten und Gebäck

Cathy Ytak
Brot
Herzhaft-knusprige Verführungen
120 Rezepte mit und ohne Brotbackautomat

Andreas Neubauer, Michael Wissing
Kaffee und Kuchen
Konfekt, Gebäck und Getränke für die Einladung mit Stil

Wolfgang Hübner, Michael Wissing
Ingwer
Die edle Schärfe aus dem Land des Lächelns

Trish Deseine
I love cake
Meine Lieblingsrezepte für Kuchen, Torten und Kleingebäck

Andreas Neubauer, Michael Wissing
Spargel
Die edlen Stangen aus dem Garten der Venus
70 Rezepte für Feinschmecker

Trish Deseine
Verrückt nach Schokolade
100 sinnlich-süße Verführungen

Andreas Neubauer, Michael Wissing
Suppen
Leicht und deftig, klassisch und trendig

Trish Deseine
Verrückt nach Karamell
100 sinnlich-süße Verführungen

Andreas Neubauer, Michael Wissing
Gratins
Raffiniert Überbackenes, herzhafte Aufläufe, luftig-leichte Soufflés